숭고 미학

숭고 미학

폭력성과 기괴함의 예술적 원리

1판 1쇄 발행 | 2023년 6월 28일

지은이 | 박정자
펴낸이 | 안병훈

펴낸곳 | 도서출판 기파랑
등   록 | 2004. 12. 27 제300-2004-204호
주   소 | 서울시 종로구 대학로8가길 56 동숭빌딩 301호   우편번호 03086
전   화 | 02-763-8996 편집부 02-3288-0077 영업마케팅부
팩   스 | 02-763-8936

이메일 | info@guiparang.com
홈페이지 | www.guiparang.com

ISBN 978-89-6523-515-6   03100

숭고 미학

폭력성과 기괴함의 예술적 원리

박정자 지음

기파랑 에크리 Ecrit

책머리에

우리는 왜 공포 영화나 추리 소설을 좋아하는가?

아름다운 물건이나 예술 작품 앞에서 우리는 기분이 좋아지고 즐거워지고 감동하여 "이런 게 미(美)야", "이게 진짜 예술이지"라고 말한다. 이 말에는 아름다움을 쾌감의 원천으로 생각하는 미학 개념이 반영되어 있다. 추하거나 무서운 것들은 혐오감과 공포를 자아낼 뿐 미학적 쾌감과는 아무 상관이 없다고 사람들은 생각한다. 그러나 아름답기는커녕 오히려 불쾌하거나 섬찟한 영화에 열광하는 것이 요즘 젊은이들의 특징적 현상이다.

'오징어 게임'이나 '더 글로리' 같은 끔찍한 폭력과 공포의 드라마들, 호러 영화, 로봇이나 인공지능(AI)을 다룬 섬찟하고 불가해한 SF 영화들이 많은 관객을 모은다. 이제는 '길복순' 정도의 칼로 베고 피 튀기는 영화가 아니면 심심해서 볼 수 없는 지경까지 된 듯하다. 하다못해 인기 어린이 만화 주인공 곰돌이 푸도 연쇄 살인마로 변해 꿀단지 대신 망치와 흉기를 들고 나섰다. 최근에 개봉된 '곰돌이 푸: 피와 꿀'이 그것이다. 영화만이 아니라 문학이나 미술도 마찬가지다. 혐오스럽고 기괴한 주제의 소설이나 잔혹한 회화 작품에 열광하는 것이 온 세계 젊은이들의 보편적 문화 감수성이다.

사람들은 무서워 벌벌 떨면서도 두려운 장면에서 눈길을 떼지 못한다. 불쾌하거나 두려우면 안 보면 될 텐데 군이 돈 주고 보는 것은 전율의 감동이 미적 감동보다 훨씬 더 강렬하기 때문일 것이다. 이때까지 미를 예술의 원천으로 생각했던 보통 사람들은 이 전율을 학문적으로 어떻게 불러야 할는지 난감해 한다. 아름다움과는 거리가 먼, 현대의 충격적이고 자극적인 예술 경향, 예쁘고 아름다운 것보다 추하고 불쾌한 것에 더 쾌감을 느끼는 이 현상은 뜬금없게도 미학적으로는 숭고미학이다.

숭고를 너무 숭고하게 생각하지 말기를

영어로는 똑같이 sublime인데, 한국어로 도덕적인 숭고를 말할 때는 '숭고'라 번역하고, 미학적인 숭고를 말할 때는 '숭고미'라고 번역한다. '미(美)'라는 접미어가 붙어 있기 때문에 '숭고'를 미(아름다움)의 하위 개념으로 생각하기 쉽지만, 그러나 숭고는 미의 한 종류가 아니라 별도의 미학 영역이다. 도덕적으로 고상하고 우월한 대상을 '숭고'하다고 생각하는 상식적인 관념과는 다소 동떨어진 개념이다. 일반인들이 생각하는 숭고함은 위대·장엄 등 윤리적 맥락이고, 미학에서의 숭고 개념은 물론 위대·장엄도 포함하지만 혐오스러운 것, 무서운 것, 섬뜩한 것들에까지 확대되기 때문이다. 숭고는 1세기 로마 시대 롱기누스가 수사학 교본에서 처음으로 언급했지만 18세기의 버크와 칸트에 의해 본격적으로 미학에 편입되었다.

권력과 숭고

버크에 의하면 두려운 것은 모두 숭고다. 하느님도 두렵고, 으스스한 무당의 굿판도 두렵고, 독이 있는 파충류나 힘센 동물도 두렵고, 민중의 생사여탈권을 쥐고 있는 전제군주도 두렵다. 이 모든 것이 숭고다. 그런데 신이나 초월적 현상이 두려운 것은 그것들의 정체가 무엇인지 도저히 알 수가 없기 때문이다. 알지 못한다는 것은 세상의 모든 무서움 중에서도 가장 무서운 것이다. 그래서 버크는 애매모호함 혹은 비확정성을 숭고의 성질로 규정하였다.

한편 힘센 동물이나 막강한 권력의 전제군주를 우리가 두려워하는 것은 그들에게 무시무시한 힘이 있기 때문이다. 결국 힘에 대한 경외감이 숭고의 조건이다. 모든 권력은 숭고하다. 그렇다면 그들에게 힘이 빠졌을 때, 다시 말해 노쇠와 질병으로 힘이 빠진 맹수, 또 혹은 자리에서 끌려내려와 힘을 상실한 권력자의 경우는 무엇일까? 그들은 더 이상 숭고가 아니고 다만 경멸의 대상일 뿐이다. 숭고와 경멸이 이처럼 종이 한 장 차이에 불과하다는 사실에서 우리는 권좌에서 물러난 모든 권력자들이 왜 그토록 사람들의 조롱의 대상이 되는지를 이해할 수 있다. 이렇게 버크의 미학은 아주 냉정하고 정확한 인간 탐구로 이어진다.

숭고의 정치적 스펙트럼은 다양하다. 버크는 프랑스 혁명을 강하게 비판함으로써 보수적인 성향을 보였고, 나치 시대에는 "지그프리드는 오는가?"라는 서사를 통해 숭고미학을 정치에 이용했다. 수많은 숭고 이론가들이 자유와 해방의 가능성을 숭고와 연결시키기도 했다.

숭고는 바라보는 주체의 마음속에 있는 것

칸트에게 있어서 숭고는 우선 무서운 자연 현상이다. 쓰나미 같은 바다의 큰 파도나 불을 뿜어내는 화산 같은 것이 모두 숭고다. 우리의 상상력을 뛰어넘어 도저히 말로 표현할 수 없는 무섭거나 거대한 현상들이 모두 숭고다. 버크와 마찬가지로 칸트도 미와 숭고를 상반된 것으로 보았다. 그러니까 숭고의 개념은 미의 개념에 대한 보완물 또는 추가물이다.

숭고의 감정이 미적 감정에 대한 추가물이므로 숭고를 이해하기 위해서는 미의 기본 개념에 대한 이해가 필수적이다. 미의 기본 성질은 '목적 없는 합목적성' 그리고 '무관심성' 등이다. 미가 대상 그 자체의 성질이라면 숭고는 대상을 바라보는 주체의 마음속에 있는 성질이다. 다시 말하면 장미꽃은 저 스스로 예쁘지만 폭풍의 바다는 바라보는 내가 있어야만 숭고하다. 미는 언어적 재현이 가능하지만 숭고는 재현이 불가능하다. 재현 불가능함을 재현하는 것이야말로 숭고의 가장 기본적 성질이다.

"이 대상이 내게 주는 감동은 도저히 말로 표현할 수 없어"라는 표현 같은 것이다. 그것 자체를 말로 표현하는 것은 불가능하지만, 그것을 말로 표현할 수 없다는 것을 말로 표현하는 일은 가능하다는 얘기다. 도저히 그림으로 나타낼 수 없어서 화면 가득히 단색만 칠하는 회화도 바로 그런 경우이다. 이런 것들이 숭고 예술의 방식이다.

데리다가 칸트를 읽은 방식

미와 숭고를 이해하는 데에는 데리다의 『그림 속의 진실』만큼 적절한 텍스트가 없을 것이다. 데리다는 칸트의 『판단력 비판』에 대한 해체적 읽기를 통해 자기 고유의 '없음의 미학'을 정립하였다. 그는 미에 대한 쾌감을 '스스로 즐김'이라는 용어로 바꿀 것을 제안했고, 자유미와 부용미를 부각시켰으며, '목적 없는 합목적성'에서 '없음'이라는 부분에 주목하여 순수 '커트'의 미학을 정립하였다.

디지털 시대에 최적화된 숭고 미학

예술사적으로 낭만주의와 가장 밀접한 관계였던 숭고는 20세기에 이르러 미국의 화가 바네트 뉴먼의 예술 원리로 채택되었고, 프랑스의 철학자 리오타르에 의해 포스트모던 미학 이론으로 정립되었다.

리오타르에 의하면 숭고는 근본적 타자성과의 조우에서 비롯된다. 타자성이란 우리가 정확히 알 수 없는 것이어서, 또는 우리가 도저히 감당할 수 없는 과도함이어서 우리는 그것을 표상할 수 없고, 상상조차 할 수 없다. 이 표상불가능성이 바로 숭고다. 그러나 그 대상을 있는 그대로 표상할 수는 없어도 '표상불가능한 것이 있다'라는 사실은 제시할 수 있지 않은가. 이것이 바로 숭고미학의 원리다.

　가상현실, AI 등이 초미의 관심사로 떠오르고 테크놀로지에 대한 경외감이 팽배해 있는 21세기의 오늘날, 비록 '숭고'라는 이름이 전면에 등장하지는 않지만 대중문화와 순수예술 전 방위에서 숭고 미학은 조용한 돌풍을 일으키고 있다. 현대의 디지털 문명은 어쩌면 숭고미학에 최적화된 시대가 아닐지 모르겠다. 현대는 결국 숭고미학의 시대다. 그러므로 숭고미학을 공부하는 것은 그대로 현대 사회를 이해하는 지름길이다.

　이 책이 숭고 미학을 이해하는 가장 쉽고도 정확한 길잡이가 될 것을 기원하며.

2023년 6월

박정자

차례

데리다의 칸트 읽기

현대의 숭고

참고문헌

미학적 숭고는 상식적 의미의 숭고와 의미가 조금 다르다. 역겨움 또는 스릴과 서스펜스, 이것들이 모두 숭고다

애브젝트

현대 미술은 난해하고 어렵다. 예술은 아름다운 것이라는 통념을 거스르며 아름답기는커녕 불쾌하고 역겨운 것이 많기 때문이다.

독일 화가 한스 벨머(Hans Bellmer, 1902~1975)는 수많은 구체(球體) 관절 인형을 만들고 그것을 사진으로 기록했다. 그가 만든 구체 관절 인형들은 하나같이 끔찍한 모습을 하고 있다. 변태나 이상성욕자들이나 좋아할 것 같은 형태다. 발기한 성기를 적나라하게 노출한 노인이라든지, 에로틱하지만 어딘지 모르게 기이한 여성의 모습이다. 벨머가 만든 이 역겨운 작품들을 보고 아름답다고 느끼는 사람은 없다. 그러나 이 끔찍한 인형들은 엄연히 예술 작품이다.

미국의 여성 사진작가 신디 셔먼(Cindy Sherman, 1954~)도 구체 관절 인형으로 작품을 만들었다. 그녀는 인형을 인간의 구토물이나 배설

물, 쓰레기 등과 적절하게 섞고, 이것을 애브젝트(abject, 비천한 것, 혐오스러운 것)라고 불렀다. 전통 예술이 추구하던 아름다운 대상이 아니라 역겨운 대상을 묘사했다는 의미다. 푸르죽죽한 피부의 풍풍한 여인들을 그린 영국의 제니 사빌(Jenny Saville, 1970~)의 거대한 누드화도 혐오스럽기는 마찬가지다.

물론 17세기 네덜란드에서도 역겨운 대상이 미술에 등장한 적이 있다. 썩은 과일, 부패한 동물 시신, 해골 등을 그린 소위 바니타스(vanitas) 회화가 그것이다. 그러나 바니타스는 동물의 시신이나 해골 자체를 찬양하는 것이 아니라 인생의 허무를 부각시키기 위해 생명체의 부패와 해체라는 방식을 채택했을 뿐이다. 이에 반해 애브젝트 예술은 혐오스러운 대상 그 자체를 추구한다. 이것 역시 당당한 예술이다. 죽은 상어를 잘라 포름알데히드에 담아 전시하거나(데이미언 허스트), 서서히 썩어 가는 생선 냄새가 전시장을 가득 메우게 하는(이불) 작품들이 모두 애브젝트 미술이다.

애브젝트가 하나의 당당한 예술 장르가 된 것은 뉴욕의 휘트니 뮤지엄이 1993년에 '애브젝트 아트'라는 제목의 전시회를 연 이후부터였다. 애브젝트 아트에서 인간의 몸이 새롭게 중심 주제로 떠올랐다. 팝아트, 미니멀리즘, 개념 미술, 포스트모더니즘 등 20세기 중반 이후 여러 예술 사조들은 아예 인간의 몸에는 관심이 없었고, 특히 본능 그대로의 상스러운 몸을 완전히 무시했었다. 그러나 애브젝트 아트에서는 몸이 되돌아왔다. 하지만 그것은 고대 그리스의 조각 작품 이후 19세기까지 내려온 이상화된 인간의 몸이 아니었다. 고상한 정신을 투영하는 물질적 존재로서의 몸이 아니라 무기력하고, 병에 걸리고, 더럽고, 상처 입은, 한마디로 애브젝트한 몸이었다.

애브젝트라는 용어는 프랑스의 작가이며 문학이론가인 줄리아 크리스테바의 저서 『공포의 힘(The Powers of Horror)』(1980)의 '애브젝션(abjection)'에서 유래한다. 세계를 범주화하기 위해 사용하는 영역들, 예컨대 안/밖, 동물/인간, 활기/무기력 등의 경계선이 마구 서로 침범했을 때 우리는 부지불식간에 불쾌감을 느끼는데, 크리스테바는 이 거부감이 애브젝션이라고 했다. 이 애브젝트들이 불러일으키는 감정이 무엇일까?

서스펜스

영화 〈노인을 위한 나라는 없다〉(2008)의 주인공은 범죄 현장에 남아 있던 거액의 돈을 훔쳐 달아나다가 한 모텔에 묵었다. 사람을 마구 죽이는 잔인한 추격자가 차를 타고 그를 쫓아오고 있다. 돈다발 한가운데에 칩이 들어 있어, 추격자는 블루투스로 정확하게 위치를 추적해 따라오고 있다. 주인공은 모텔 방의 불을 다 끄고 총을 겨눈 채 문 앞에 서 있다. 방 안도 방 밖도 칠흑 같은 어둠이다. 그때 갑자기 어두운 밖에서 미세한 인기척 소리가 난다. 그리고 희미한 빛이 도어 밑 틈새로 물이 스미듯 새어 들어온다. 밖에 잔인한 살인자가 서 있는 것 같다. 그 한순간, 수인공도 관객도 숨 막히는 공포감을 느낀다. 밖에 무엇이 있는지 모르기 때문에 두렵다. 아예 살인자가 나타나 주인공을 총으로 쏘아 죽였다면 관객은 더 이상 두렵지 않다. 그런데 밖에 있는 불빛이 무엇인지, 밖에 살인자가 서 있는 것인지 어떤지 알 수 없는 이 한중간의 정지 상태(서스펜스)가 관객을 공포의 도가니 속으로 몰아넣는다. 사람들이 공포 영화를 즐기는 것은 이 한순간의 공포감 때문이다. 이 공포의 감정에서 관객들은 강한 쾌감을 느낀다. 이 감정을 미학적으로는 무엇이라 불러야 할까?

섬찟함

서스펜스와는 조금 결이 다른, 섬찟함(uncanny)의 공포도 있다. 낯익은 일상적 사물들이 갑자기 무서운 것으로 변할 때 느껴지는 공포다.

낯익은 사물이 갑자기 괴물로 변하는 이야기는 많은 민담의 공통적인 내러티브 방식이다. '낯설게 하기(defamiliarization)'라는 문학 이론도 있다. 가장 낯익은 것들 속에 불가해하고 금지된 어떤 것이 있음을 환기시키기 위해 가장 익숙한 일상적 사물들을 갑자기 낯설게 만드는 문학 기법이다. 낯익은 것이 갑자기 낯설게 될 때 우리는 섬찟함을 느낀다.

프로이트는 어린이들이 가끔 익숙한 물건들을 아주 낯설고 무서운 것으로 보는 사례가 있다는 것에 주목했다. 그리고 사람은 익숙한 사물이 낯설게 보일 때 가장 크게 공포감을 느낀다는 것을 발견했다. 「섬찟함(Das Unheimliche)」(1919)이라는 제목의 짧은 논문에서였다. 그런데 익숙한 물건들을 가끔 아주 낯설고 애매한 것으로 보는 것은 모든 어린아이들의 공통된 성질이다. 독일인들은 흔히 동화(Märchen)의 특징적 분위기를 '운하임리히(Unheimlich)'라는 단어로 표현한다. 굳이 번역하자면 '두려운 낯섦', 즉 '섬찟함'이다.

'섬찟함(Unheimlich)'이라는 독일어 단어를 분해해 보면 섬찟함의 근원이 드러난다. '하임(Heim)'은 집이다. 여기에 형용 접미어 '-lich'를 붙인 '하임리히(heimlich)'는 '익숙한 것'이라는 의미다. 그런데 거기에 부정의 뜻을 가진 접두사 'un-'을 붙여 '운하임리히(unheimlich)'라고 하면 섬찟하다는 뜻이 된다. 왜 그럴까? 'un-'은 영어의 not이다. 그러니까 unheimlich는 'not homelike', 즉 집 같지 않은 것, 다시 말해 익숙하지 않은 것, 낯선 것이다. 이 합성어에서 익숙한 장소나 물건들이 갑자기 낯설게 느껴지는 마음의 상태가 섬찟함이라는 것을 알 수 있다.

집안의 모든 것은 우리에게 익숙한 것이다. 그런데 그 익숙한 물건들이 어느 순간 낯설게 변화하여 불가해하고, 낯설고, 애매한 것이 되면 원래 무서웠던 물건보다 훨씬 더 무서운 것이 된다. 그것이 섬찟함이다. 익숙한 물건들이 움직이고 말하고 위험한 괴물도 되는 동화(메르헨)야말로 가장 전형적인 섬찟함의 미학이다.

그러니까 공포 중에서 가장 무시운 공포는 일상 속에서 일어나는 공포다. 매일같이 사용하던 익숙한 것들이 갑자기 괴물로 변할 때, 예를 들어 갑자기 머리맡의 인형이 말을 하고 부엌칼을 휘두를 때 그 낯섦과 섬찟함은 공포의 절정을 이룬다. 우리 곁에 친숙하게 놓여 있던 현대 문명의 이기들이 괴물로 변하는 것을 보여 준 일본 호러 영화 〈링〉(1998)에서 사다코는 비디오테이프로 저주를 내리고, 전화로 죽음을 예고하고, 마침내 TV 안에서 기어 나온다.

미국의 오리지널 시리즈 영화 〈사탄의 인형(Child's Play)〉(1991)에서는 못생긴 인형 처키 안에 연쇄 살인마가 빙의되어 처절한 응징과 살상극을 벌인다. 여자아이들이 좋아하는 귀엽고 친근한 인형이 끔찍하게 무서운 물건이 되는 순간 관객은 소름 돋는 무서움을 느낀다. 이 영화에는 사람들이 보편적으로 인형에서 느끼는 본능적인 불쾌감과 왠지 모를 섬찟함 그리고 인형 괴담이 가질 수 있는 거의 모든 공포가 총망라되어 있다.

〈오징어 게임〉(2012l)의 '무궁화 꽃이' 장면도 마찬가지다. 만약 '무궁화 꽃이 피었습니다'를 외우는 로봇 인형이 시커면 쇳덩어리의 괴물이었다면 우리가 그토록 전율했을까? 빨간 점퍼스커트를 입은 천진난만한 어린 소녀가 어리광스럽게 외우는 '무궁화 꽃이' 놀이는 우리에게 너무나 친근하고 낯익은 것이어서 더욱 섬찟한 공포를 일으킨다.

2022년 부커상 인터내셔널 부문 최종 후보작에 올랐던 『저주토끼』

(정보라, 2017)에서는 예쁜 토끼 인형을 만지면 사람이 죽고, 우리가 아침저녁으로 쓰는 변기에서는 사람의 머리가 나온다. "저주에 쓰이는 물건일수록 예쁘게 만들어야 하는 법이다"라는 첫 문장이 시사하듯, 저주의 도구는 가까이 두기 무서울 만큼 흉측해선 안 되고 늘 옆에 끼고 싶을 만큼 예쁜 물건이어야 한다. 예쁜 물건이어서 사람이 쉽게 가까이 가고, 그래야 저주가 실현될 수 있기 때문이다. 예쁨과 공포가 결합되어 있다는 것이 더욱 섬찟하다. 예쁜 물건이 진짜 예쁜 게 아니라 내가 모르는 새 나를 파멸로 이끄는 저주의 도구일 수도 있기 때문이다. 정반대의 성질이 혼합되었을 때 효과는 극대화된다.

부커상 심사위원들은 『저주토끼』가 "현대 사회의 가부장제와 자본주의라는 매우 현실적인 공포와 잔인함을 다루기 위해 환상적이고 초현실적인 요소들을 사용했으며, 그리하여 SF의 경계를 초월한 마법적 사실주의를 구현했다"라고 평했지만, 우리의 관심은 요즘 젊은이들이 점점 더 불쾌하면서도 어쩐지 눈을 뗄 수 없이 기괴한 이야기, 잔인한 이야기들을 좋아한다는 사실이다.

이런 감정을 미학적으로 무엇이라고 할까?

이것이 숭고다

아름다운 물건 또는 예술 작품 앞에서 우리는 기분이 좋아지고 즐거워지고 감동을 느낀다. "이런 게 미(美)야", "이게 바로 예술이로

군"이라고 말하며 부지불식간에 우리는 아름다움을 미적 쾌감의 원천으로 생각한다. 추하거나 무서운 것들은 혐오감과 공포를 자아낼 뿐 미적 쾌감과는 아무 상관이 없는 듯하다. 그런데 아름답기는커녕 오히려 추하고 혐오스러운 대상 앞에서 전율하며 강렬한 미적 감동을 느낄 때가 있다. 그런 작품들을 만드는 예술가 집단도 이미 대규모로 형성되어 있다. 그 작품들을 미라고 부를 수는 없다. 그렇다면 무엇으로 불러야 할까? 숭고다.

현대의 충격적이고 자극적인 예술 경향은 미가 아니라 숭고 미학으로만 해석될 수 있다. 도덕적으로 고상하고 우월한 대상을 '숭고'하다고 생각하는 상식적인 관념과는 다소 동떨어진 개념이다. 일반인들이 생각하는 숭고함은 위대·장엄 등 윤리적 맥락이고, 미학에서의 숭고 개념은 물론 위대·장엄도 포함하지만 혐오스러운 것, 무서운 것, 섬찟한 것들에까지 확대된다.

영어로는 똑같이 sublime인데, 한국어로 도덕적인 숭고를 말할 때는 '숭고'라 번역하고, 미학적인 숭고를 말할 때는 '숭고미'라고 번역한다. '미'라는 접미어가 붙어 있기 때문에 숭고를 미(아름다움)의 하위 개념으로 생각하기 쉽지만, 숭고는 미의 한 종류가 아니며, 미와는 전혀 다른 별개의 것이다. '에스테틱(aesthetic)'에 해당하는 말을 최초로 쓴 사람은 18세기 독일 철학자 바움가르텐(Alexander Baumgarten, 1714~1762)이었다. 라틴어로 쓴 『아이스테티카(Aesthetica)』라는 제목의 책에서였는데, 'aesthetica'의 그리스어 어원인 '아이스테시스(aisthesis)'

에는 '미'라는 뜻이 전혀 없고, 다만 '감각의 성질에 대한 연구'라는 뜻만 있을 뿐이다. 그것을 한자 문화권에서 미학으로 번역했다. 서구에서도 미용이나 성형에 이 단어를 쓰는 것을 보면 단순히 번역만의 문제가 아니고 본고장에서도 단어의 의미가 변용된 것 같다. 여하튼 우리는 예술적 쾌(快)의 원천을 미로 한정하여 생각하게 되었다.

우리가 미를 판단할 때 동원하는 마음의 능력들 사이의 관계는 비확정적인데, 바움가르텐의 책은 그것을 확정적인 감정으로 생각하고 있다, 라고 칸트는 짧게 언급했다. 칸트다운 난해한 코멘트다. 알고 보면 그리 어려운 말도 아니다. 바움가르텐은 주체와 예술 작품과의 관계가 개념적으로 확정되어 있다고 생각한다. 다시 말해서 아름다운 것은 아름다운 것으로 처음부터 결정되어 있고, 우리는 그것을 보고 곧장 아름답다고 느낀다는 것이다. 그러나 칸트는 우리의 마음의 능력 중 이미지의 기능과 개념의 기능이 자유로운 유희를 하다가 서로 딱 만나는 순간에 미가 발생하는 것이라고 했다. 철학 용어에서 이미지를 만들어 내는 기능은 상상력이고, 개념을 만들어 내는 기능은 오성(悟性, understanding)이다. 이처럼 미는 이미 결정된 것이 아니라 한참 유동적인 과정을 거친 후에 결정된다. 그러므로 미가 결정되는 방식은 확정적이 아니라 비확정적이다.

그런데 숭고미가 결정되는 것은 이보다 더 비확정적이다. 엄청나게 큰 대상, 사막이나 산 혹은 피라미드 같은 것과 맞닥뜨렸을 때,

혹은 힘이 넘치는 바다의 파도나 용솟음치는 화산 같은 것과 맞닥뜨렸을 때, 감각적인 직관은 도저히 이를 따라잡을 수 없다. 다시 말하면 언어적 표현이나 구상의 능력은 이 관념에 일치하는 표상을 만드는 데 실패한다. 마음의 능력들 사이에 탈구(脫臼)가 일어난다. 이 탈구가 극도의 긴장감을 야기하고, 표현의 불능은 고통을 야기한다. 이때 우리는 상상력을 버리고 대상을 우리의 이성과 조화시키려 한다. 오로지 이성의 관념으로서만 사유가 가능하기 때문이다. 이와 같은 이성과 상상력 사이의 단절에서 우리는 고통을 느낀다. 그런데 뜻밖에 이 고통이 쾌감을 생산한다. 고통 없이 즉각 느끼던 평범한 쾌감보다 실제로 두 배는 더 강렬한 쾌감이다. 칸트는 이것을 감동(agitation)이라고 불렀다. 그리고 이런 대상을 숭고라고 불렀다. 그러고 보면 숭고란 고통에서부터 나오는 쾌감, 고통과 혼합된 쾌감이다.

결국 우리가 심미적 감동을 느끼는 대상은 '아름다운 것' 혹은 '숭고한 것' 두 가지이며, 우리의 미적 감동은 '미감' 혹은 '숭고감' 두 가지이다. 숭고는 미와 함께 미학의 양대 요소다. 일반적으로 '숭고미'라는 말을 쓰기 때문에 우리는 흔히 숭고가 미에 종속된, 미의 한 부분이라고 알고 있다. 그러나 칸트의 논의에서 알 수 있듯이 숭고는 미에 종속된 것이 아니라 전혀 별개의 것으로 미학의 주요한 두 부문 중 하나일 뿐이다. 미학이라는 말 속에 이미 미가 들어 있지 않은가, 라고 반문할 수도 있겠지만 아이스테티카의 어원에 미가 없다는 것을 상기해 보면 해결되는 문제다. 따라서 미와 숭고가 별개의 부분으로 미학을 구성한다는 말에는 전혀 모순이 없다.

그럼 숭고(the Sublime)란 무슨 뜻인가? 라틴어 어원인 'sublimis'는 '높은(elevated 혹은 lofty)'이라는 의미다. 중세 때 연금술사들은 물체에 열을 가하면 고체가 액체 상태를 거치지 않고 곧장 기체로 변하고, 그것이 차갑게 식으면 다시 새로운 고체로 변하는 프로세스를 묘사할 때 이 단어를 썼다.여하튼 인간의 의식에서 높은 것은 귀한 것과 동의어이다. 아직 화학이라는 학문이 발달하지 않았던 시대에 물질의 승화(昇化, sublimation) 현상은 마치 정신이 높은 단계로 올라가는 과정처럼 보였던 것이다. 높이 있는 것, 뭔가 알 수 없어서 무서운 것, 이것이 바로 숭고의 핵심적 성질이다.

현대의 숭고는 합리성의 한계를 넘어선 것에 대한, 처음엔 불편했지만 곧 더 강렬하게 느껴지는, 쾌감의 이름이다. 이제 예술은 아름다운 것이 아니라 강렬한 것, 일상적이고 평범한 것이 아니라 놀랍고 비일상적인 것, 상식적인 것이 아니라 도저히 감당할 수 없는 충격적인 것을 추구한다. 그것을 '미'라고 명명하면 미학적으로 틀린 말이고, 정확한 용어는 '숭고'다.

근대 이전의 숭고

미와 숭고는 그 감동의 방식이나 대상에서 전혀 다른 별개의 것이다. 이 이론을 최초로 정교하게 철학으로 정립한 것이 칸트다. 『판단력 비판』(1790)에서이다. 그러나 그보다 앞서 에드먼드 버크가 『숭고와 아름다움의 이념의 기원에 대한 철학적 연구』에서 숭고 미학의 이론적 근거를 마련했다. 버크는 『프랑스 혁명에 대한 성찰』을 쓴 보수주의 철학자이기도 하다. 더 거슬러 올라가면 로마 제국 시대의 수사학자 롱기누스도 있다. 그 롱기누스를 발굴한 것이 17세기 프랑스의 문필가 부알로였다.

롱기누스

'숭고'라는 말이 문헌에 처음 등장한 것은 3세기 수사학자 롱기누스(Kassios Longinos, 217년~273)의 수사학 교본에서였다. 롱기누스의 수사학 교본에 의하면 우선 고상하고 세련된 문체는 숭고하다. 이런 숭고한 문장을 쓰려면 일상적 경험 위로 높이 올라가야 한다. 그런데 그 높은 곳이란 우리가 도저히 그 정체를 알 수가 없어서 매우 두렵고 불가해하다. 결국 아무것도 확정되지 않은 비확정성이 곧 숭고다. 롱기누스의 이 이론은 오래 동안 잊혀져 있다가 17세기 프랑스의 문필가 부알로에 의해 되살아났다. 그가 롱기누스의 그리스 원전을 『숭고론(Du Sublime)』(1674)이라는 제목의 프랑스 책으로 번역하면서 숭고 개념은 근대로 진입했고, 근대적 의미를 획득하게 되었다.

롱기누스의 신원에 대해서는 오래 동안 혼동이 있었다. 아마도 3세기 말에 웅변술을 가르치던 수사학자인 것 같다. 웅변술이란 기본적으로 청중을 설득하고 감동시키기 위한 서사 테크닉이어서 공화(共和) 제도와 밀접한 연관이 있다. 정치가는 의회나 법정에서 감동적으로 연설하는 방법을 알아야 하기 때문이다. 아리스토텔레스, 키케로, 퀸틸리아누스 이래 수사학 교습은 전통적 학문이었다. 그런 점에서 롱기누스의 『숭고론』은 수사학이면서 시학(詩學) 또는 정치학이다. 롱기누스는 정치에 종사하는 사람들의 지침서로서 이 책을 썼다.

그러니까 이 책은 웅변을 잘하려면 어떤 주제로, 어떤 문장을 써야 좋을지를 논의한 논문이다. 웅변의 덕목은 설득이다. 그러나 단순히 설득만 해서는 좋은 웅변이라고 할 수 없다. 설득을 능가하는 덕목이 있으니, 그것이 숭고라고 했다. 숭고란 독자를 감동하게 만드는 '표현의 우수성이나 독특함'이다. 숭고를 통해 우리의 영혼은 위로 늘어올려져 고양되고, 우리는 마치 우리 자신이 그것들을 만들어 낸 것처럼 자랑스런 기쁨으로 충만하게 된다.

사람들은 당연히 이 책이 전통적 수사학 기술에 대한 격언과 충고로 가득 차 있을 것으로 기대하고 읽는다. 그러나 놀랍게도 숭고와 비확정성이라는 주제가 대두되면서 그런 기대가 완전히 뒤흔들린다. 물론 롱기누스가 말하는 숭고는 담론에서의 숭고성이다. 숭고한 담론은 아주 매혹적이어서 한번 들으면 잊을 수 없고, 우리의 사유와 성찰을 자극한다고 했다. 그런 숭고를 만들어 내는 것이 에토스(ethos), 파토스(pathos), 그리고 수사학적 테크닉이라고 했다. 수사학적 테크닉에는 비유, 용어 선택, 언표, 구성 등이 중요한 요소로 포함된다. 그러나 가장 중요한 것은 적절하고 장엄한 말들을 선택하는 것이다. 다시 말해 숭고함을 구현하는 것이다. 웅변가들과 산문 작가들이 모두 이 숭고를 최고의 목표로 삼고 있다. 숭고는 그 자체로 청중을 매료하고, 웅변에 장대함과 아름다움, 그리고 무게와 힘을 준다. 말하자면 사물들에 생명과 목소리를 불어넣는다.

그러나 막상 숭고가 무엇인가의 문제에 이르자 수사학적 혹은 시학적 원칙이 힘을 쓰지 못하는 일이 일어난다. 우선 장엄한 어투를 사용하는 것이 능사는 아니다, 라고 롱기누스는 운을 뗀다. 사소한 사물들에 장대하고 엄숙한 말을 사용하는 것은 어린아이에게 커다란 비극 가면을 씌우는 것과도 같다고 했다. 미려한 문체와 숭고한 표현들은 모두 성공적인 글쓰기에 기여하지만, 이것들은 성공뿐만 아니라 실패의 원인이 되기도 한다는 것이다. 아무리 아름다운 표현도 과장되거나 몰취미하지 않을 때 숭고의 효과를 내는 것이지, 무절제하게 사용하면 금세 무미건조하고 공허하고 어리석은 허풍이 된다고 했다.

그리하여 장엄하고도 숭고한 언사가 예문으로 나올 것이 기대되는 바로 그 순간 저자는 평범하고 간결한 문장이 더 효과적인 결과를 낸다는 놀라운 사례를 보여 준다. 더 나아가 노골적으로 침묵하여 청중의 기대를 배반하는 웅변가의 모습까지 보여 준다. 수사적 비유들은 숨겨져 있을 때 가장 효과적이라면, 그리하여 간결한 문장 또는 침묵이 비장한 언사보다 더 숭고한 효과를 낸다면, 숭고의 효과를 얻기 위해서는 수사학적 표현이라고 인정할 수조차 없는, 완전히 모호한 말을 써야 하는 것 아닌가.

과장법도 마찬가지다. 과장은 그것들이 과장이라는 사실을 숨길 수 있는 과장이어야 가장 큰 효과를 낸다. 더 나아가 예술(ars)도 그것이 자연스럽게 보일 때에만 완성을 이루었다고 할 수 있다. 고대에는 아직 예술이라는 개념이 형성되지 않았으므로 ars(영어 art)라는 단어는 예술보다는 차라리 기술 혹은 기법에 가까울 것이다. 물론 이것을 예술에 적용해도 전혀 무리는 없다. 여하튼 그는 기법의 존재마저 자연스럽게 감추어졌을 때 비로소 자연스러움이라는 목적을 이루는 것이라고 했다.

그렇다면 결국, 굳이 수사학적 표현을 공부할 필요도 없이 일상어를 그대로 쓰면 좋지 않을까? 롱기누스는 그렇다, 라고 대답한다. 일상어의 평범한 표현이 우아한 말투보다 훨씬 더 표현력이 풍부할 때도 있다는 것이다. 일상생활에서 유래한 만큼 당장 이해될 수 있고, 익숙한 것이어서 더 설득력이 있기 때문이라고 했다. 그는 또 자연스럽고 합리적인 구문을 완전히 무시한 채 부자연스럽고 비합리적인 문장을 구사하는 것이 오히려 숭고의 효과를 높여 준다고 말했다. 생각과 실재 사이에 동일한 기준이 없으므로 생각을 실재로 옮겨 놓을 방법이 없고, 따라서 방법이 없다는 그 사실을 증언하는 것만이 진정한 웅변의 장엄함이라고 했다. 역설적이게도 가장 세련되고 완벽한 레토릭 기법은 결핍, 몰취미, 형식적 불완전성이라는 이야기다. 미문(美文)을 쓰지 않는 것이 곧 미문이고, 서투른 테크닉이 '진짜 숭고'라는 얘기다.

아마도 롱기누스는 동시대의 시대정신에 영향을 받은 것일 수 있다. 정신의 장엄은 우리가 살고 있는 세계에 속한 것이 아니다, 라는 것이 신플라톤주의와 초기 기독교 사상의 본질이기 때문이다.

부알로

롱기누스의 숭고론을 근대로 전달한 것은 17세기 프랑스의 문필가 부알로(Nicolas Boileau Despréaux, 1637~1711)였다. 롱기누스의 『숭고론』을 프랑스어로 번역하면서 그는 "감춰진 말 보다 더 좋은 것은 없다"

라는 표현을 썼다. 숭고란 가르쳐질 수 없고 따라서 교수법은 아무소용이 없다는 말로 고전적 테크닉과 완전히 단절하는 듯한 견해를 표명하였다. '누구나 즉각 느끼는 것을 느낄' 능력과 취미만 있으면 숭고를 느낄 수 있으므로, 독자 혹은 청자(聽者)는 오로지 개념의 폭을 갖고 있기만 하면 된다고 했다.

숭고가 시학의 규칙과는 아무런 관계가 없고, 더 나아가 표현을 감추는 것이 일종의 표현의 기술이라면 도대체 수사학 혹은 시학은 무슨 소용이 있단 말인가? 엄격하게 클래식한 규칙을 따르던 고전주의 시대에 이 말들은 적잖이 독자들을 당황하게 했을 것 같다.

수사학 용어 중에 '문채(文彩, figure)'라는 것이 있다. 글 쓰는 스타일을 가리키는 문체(文體, style)와는 다른 용어다. 문채란 '언어 규범을 벗어나는 개성적 일탈의 글쓰기 양식' 또는 그저 단순히 수사학적 비유들을 뜻하기고 한다. 롱기누스는 문채가 없을 때, 즉 수사적 비유들이 감춰졌을 때 한층 더 큰 수사학적 효과가 발생한다고 했다. 롱기누스가 제시한 이 단순함, 이 침묵은 또 다른 수사적 파격, 즉 또 다른 종류의 수사학이라고 할 수 있겠다. 그렇다면 웅변가가 의도적으로 감춘 문채와 아예 아무것도 모르는 평범한 사람의 표현은 어떻게 구별해야 할까? 다시 말해, 고도로 의도된 일탈과 그냥 무지함에서 나온 일탈을 어떻게 구분하느냐는 문제가 남기는 한다.

표현을 감추었다는 것은 어떤 대상을 정확하게 표현하지 않고 애매모호하게, 즉 비확정적으로 남겨 두었다는 의미다. 문채든 아니든 수사적 비유들이 감춰져야 한다는 것은 가장 고급의 수사학적 기법이 비확정성이라는 것을 뜻한다. 확실하게 정해져 있지 않은 대상을 지시하는 애매한 상태의 표현 방법, 결국 비확정성이 숭고의 가장 중요한 요소라고 부알로는 결론지었다.

확실하게 확정적으로 표현하는 것은 표상을 오로지 한 가지만으로 한정하여 우리의 상상력을 제한한다. 더 이상 상상할 아무것도 없으므로 거기엔 설렘, 막연한 불안감 같은 것이 있을 턱이 없다. 그러나 뭔가 알 수 없는 비확정적인 상태는 우리의 감정을 크게 동요시키며 단순한 미에서 느낄 수 없었던 강렬한 쾌감을 준다. 이 강렬한 쾌감, 그것이 바로 숭고다.

부알로가 롱기누스를 번역했다는 것 자체가 이미 17세기의 주요 시대정신인 얀센파(Jansenist)의 사상을 반영하는 것으로 보인다. 포르루아얄(Port Royal) 수도원의 사제 르메트르 드 사시(Lemaitre de Sacy, 1613~1684)는 현상의 감춰진 의미, 웅변적 침묵, 이성을 초월한 감정 등을 중요한 신학 이론으로 제시함으로써 숭고론적 호교론(護敎論)에 불을 붙였다.

천재 수학자이며 철학자인 파스칼(Blaise Pascal, 1623~1662)도 포르루아얄 수도원에서 수학하며 '내기(bet, pari)' 이론을 통해 신의 존재에 대한 확률적 논쟁에 불을 지폈다. 확률 이론의 창시자답게 그는 신앙을 도박에 비유하며 신의 존재에 대한 절대적 신념론을 제시하였다. 신이 존재하는지 아닌지는 그 누구도 알 수 없는 일이지만, 만일 신이 존재하지 않는다 해도 신자는 아무것도 잃을 것이 없다. 물론 비신자도 잃은 것이 없는 것은 마찬가지다. 그러나 신이 존재한다면, 신자는 천국을 얻을 것이며, 비신자는 영원히 지옥으로 떨어질 것이다. 그러므로 합리적 인간이라면 당연히 신을 믿는 것이 좋다, 라고 그는 주장했다. 이보다 더 효과적인 비확정성의 예는 없을 것이다.

신학적으로 얀센파와 경쟁 관계에 있던 예수회(Jesuit)의 부우르 (Bouhours, 1628~1702) 사제도 이와 비슷한 미학 이론을 펼쳤다. 그는 미에는 단 하나의 규칙만이 필요한데, 그것은 다름 아닌 '그 무언가'라는 말 하나만 덧붙이는 일이라고 했다. '그 무언가'란 도저히 "이해할 수 없거나 설명할 수 없는 어떤 것"이라고 그는 부연 설명했다. 그것은 '분위기'일 수도 있고, 진수(眞髓) 혹은 '신으로부터의 선물'일 수도 있다고 했다. 근원적으로 감추어진 이 현상은 오로지 독자 혹은 청자에게만 인식되는 것이라고 했다.

오늘날 우리도 어떤 예술 작품 앞에서 "여기엔 그 무언가 알 수 없는 아름다움이 감돌고 있어"라거나 또는 아름다운 여배우에 대해 "그녀에게는 무언가 알 수 없는 신비감이 감돌고 있어"라고 말하지 않는가. 이 말들이 모두 이미 17세기의 부우르 신부에게서 유래했다는 것이 신기하다. 사실 그렇다. 어떤 예술 작품 혹은 사물이 우리에게 미적 쾌감을 줄 때 우리는 그것이 왜 아름다운지 설명할 수 없다. 그저 이해할 수 없고 설명할 수 없는 어떤 막연한 분위기 때문에 그것을 아름답다고 생각할 뿐이다. 미적 쾌감의 이유는 그냥 막연한

'그 무언가'이다. 이와 같은 경험론적 미학이 18~19세기 시인, 화가들을 매료시켰다. 그리고 그것이 낭만주의로 발전하였다. 낭만주의 사조의 근본 정서는 숭고다.

독자층의 변화

숭고와 비확정성에 대한 성찰은 독자(감상자)층도 크게 변화시켰다. 전통적으로 예술가는 자신의 생각을 대중에게 전달하는 사람이었다. 현대 커뮤니케이션 이론의 용어로 말해 보자면 예술가는 메시지를 전달하는 송신자이고, 대중은 메시지를 받는 수신자였다. 그러나 숭고 미학을 지지하는 성직자들은 더 이상 예술가를 '송신자'가 아니라 '수신자'라고 했다. 자기 생각을 대중에게 송출하는 게 아니라 외부로부터 받은 내용을 대중에게 전달하므로 그 역시 수신자에 불과할 뿐이라는 것이다. 자신도 제어하지 못하는 예술적 감정은 그의 외부에서부터 들어온 것이므로 예술가는 밖에서부터 받아들인 감정을 체험하는 수동적인 대상이라고 했다. 19세기에 이르러 낭만주의 시인들은 스스로 수신자를 자처하여, 자기 머릿속에 떠오른 시상을 그대로 받아 적은 것이 자신의 작품이라고 말했다.

이제부터 예술가는 감정이건 이념이건 자신의 것을 발신하는 송신자가 아니라 밖의 어딘가에서 보내오는 메시지의 수신자가 되었다. 예술가는 더 이상 영광스런 메시지의 주인이며 송신자가 아니라

'자기도 모르는' 어떤 영감(靈感)의 비자발적인 수신자가 된 것이다. 예술가의 메시지를 독자들이 받아들이던 옛날의 수용 방식은 완전히 폐기되었다.

그렇게 되자 독자(감상자) 또한 더 이상 전통적으로 공인된 취향의 기준에 따라 자신의 쾌감을 판단할 수 없게 되었다. 이때부터 수신자의 감성을 분석하는 미학이 시학과 수사학을 대체하게 되었다. 시학이나 수사학은 송신자인 예술가를 오성에 의해 학습시키는 교육방법이었다. 그러나 이제부터는 "예술가가 어떻게 예술 작품을 만드는가?"의 문제가 아니라, "예술가는 어떻게 예술 고유의 감정을 경험하는가?"가 중요하게 되었다. 그리고 이 두 번째 질문에서 비확정성은 더욱더 중요하게 되었고, 기술의 연마는 더 이상 중요하지 않게 되었다. 이미 18세기 계몽주의 철학자 디드로(Denis Diderot, 1713~1784)는 그림 그리는 기법을 '프티 테크네(petit techne, 하찮은 기술)'로 비하하였다.

이런 경향에 따라 작품 제작의 기술을 가르치는 제도들, 즉 아카데미나 학교 등이 변했고, 스승과 제자의 관계도 변했다. 당연히 작품이 누구를 겨냥하는가의 문제도 새롭게 수면 위로 떠올랐다. 과거 아틀리에, 학교, 아카데미 등에서는 표준 규칙들을 교육했고, 예술의 목적은 신의 영광 혹은 인간의 영광을 드높이는 것이었다. 과거에 독자는 계몽된 군주와 궁인들 그리고 귀족들이었다. 그런데 이제는 예술가가 알지 못하는 개인들(대중)이 책을 읽었고, 살롱의 화랑을 드나늘었으며, 극장과 음악회장을 가득 메웠다. 과거의 독자들이 어떤 반응을 보일지는 예측이 가능했지만 새로운 독자들의 반응은 예측 불가의 것이었다. 그들이 어떤 작품에 충격을 받고 감탄하거나 비난하는지, 또 어느 때 무관심해 하는지, 그것은 과거의 잣대로는 도저히 예측할 수 없는 일이었다.

이제 예술가들의 임무는 더 이상 독자들을 정신적으로 인도하거나 하나의 덕성에 참여시키는 문제가 아니었다. 독자들을 놀랍게 만드는 것이 중요해졌다. "숭고란 엄밀하게 말해 증명되거나 제시되는 것이 아니라 사람들을 사로잡고, 정신을 멍하게 만들고, 뭔가 느끼게 만드는 경이(驚異)다"라고 부알로가 썼듯이, 불완전함, 취미의 왜곡, 추함까지도 일단 그것들이 충격 효과를 갖기만 하면 뭐든지 숭고한 것이 되었다.

18세기 낭만주의의 근원이 숭고 미학이지만, 20세기 모더니즘의 기본 이념 또한 숭고 미학이다. 우선 모더니즘은 더 이상 자연을 모방하지 않았다. 20세기의 화가들은 자연의 세계를 모방하는 것이 아니라, 폴 클레가 '중간세계(Zwischenwelt)'라고 한 별도의 세계를 창조했다. 차라리 '평행우주(Nebenwelt)'가 더 적합한 말일지 모르겠다. 이 평행우주에서 괴상하고 형태 없는 것들은 모두 숭고의 이름으로 당당한 권리를 갖게 되었다.

20세기 말 포스트모던 미학의 대표주자인 리오타르도 현대의 급변하는 변화와 복잡성, 그리고 경계가 허물어진 보편적인 사회 현상을 설명하기 위해 숭고의 개념을 도입하였다. 그러고 보면 숭고는 고전주의에서 출발하여 낭만주의, 모더니즘, 포스트모던에 두루 걸치는 예술 개념이다.

버크의 숭고 미학

주로 사제들을 중심으로 전개되던 숭고 미학 논의는 18세기에 이르러 화가, 시인, 철학자들이 이어받았다. 예술가들은 자신의 내부에서 자기도 제어할 수 없는 강렬한 감정을 체험하기 시작했고, 그 체험을 철학의 영역으로 도입한 것이 아일랜드 출신의 영국 철학자 에드먼드 버크(Edmund Burke, 1729~1797)다. 『숭고와 아름다움의 이념의 기원에 대한 철학적 연구(A Philosophical Inquiry into the Origins of Our Ideas of the Sublime and Beautiful)』(1757)에서 그는 처음으로 미와 숭고를 분리시키는 미학 이론을 제시하였다. 부알로의 『숭고론』(1674)이 나온 지 83년 만에, 그리고 칸트의 『판단력 비판』(1790)이 나오기 33년 전에 나온 책이다. 버크는 『프랑스 혁명에 대한 성찰』을 통해 보수주의 이론의 기틀을 마련한 정치철학자이지만, 미학에 관심 있는 사람들에게는 미와 숭고의 이론을 제시한 미학자로 더 친숙하다.

칸트로부터 "너무 경험론적이고 생리학주의적"이라고 비판을 받았지만, 버크의 『숭고… 연구』는 평이한 일상어로 되어 있고, 풍부한 예(例)들을 제시하고 있어서 누구라도 읽기 쉽게 되어 있다. 반면, 난해한 논리적 추론으로 인간의 심미적 감정을 세밀하게 분석하고 있는 칸트의 저서는 철학에 생소한 일반 독자들이 읽기에 힘든 것이 사실이다.

버크가 직접 든 숭고의 사례들은 미학적 측면에서만이 아니라 인간의 본성을 이해하는 데도 큰 도움이 된다. 철저한 개념 중심의 칸트와는 달리 인간 심리의 연구 측면에서도 매우 흥미롭다.

버크 이후 고전주의 시학은 사양길에 들어섰고, 그의 숭고 미학은 낭만주의를 싹틔웠다. 쾌와 고통, 기쁨과 불안, 고양과 좌절 사이의 모순적인 감정들이 낭만주의의 기본 정서인데, 이것들은 다름 아닌 숭고와 미의 근원이었다. 낭만주의 시대의 숭고는 자연 속의 야생 또는 광활함과도 밀접한 연관이 있었다. 또 카오스적인 모든 현상과도 관련이 있었다. 그리고 보면 버크의 분석은 프로이트나 라캉의 문제틀 안에서 쉽게 요약되고 검토될 수 있다.

낮은 단계의 칸트의 미학은 나중에 아방가르드가 따르게 될 예술적 실험의 세계를 어렴풋이 그려 주고 있다. 물론 직접적인 영향이나 실증적으로 관찰할 만한 연결고리는 없다. 마네, 세잔, 브라크 그리고 피카소는 아마도 칸트나 버크를 읽지 않았을 것이다. 결과적으로 그들이 버크나 칸트의 미학을 구현한 것은 아마도 예술의 도정에서 우연히 일어난 불가역적인 일탈이었을 것이다.

현대에 이르러 미술이건 문학이건 영화건 강력한 효과를 추구하는 아티스트들은 순전히 대상을 아름답게 묘사하기만 하는 미적 추구 대신 놀랍고 이상하고 쇼킹한 조합을 끌어내려 한다. 이것은 분명 숭고의 영역이다. 그중에서도 특히 버크를 그대로 계승한 것이다.

바넷 뉴먼의 표현을 빌려 보면 쇼크란 아무것도 아님이 아니라(rather than nothing) 분명하게 뭔가 일어나는(something happening) 것이고, 한중간에서 정지된 상실감(suspended privation)이다.

두려운 것은 모두가 숭고다

우리가 대상에 대해 느끼는 기본적인 감정은 쾌감(agreeable), 아니면 불쾌감(disagreeable)이다. '보기 좋고' '듣기 좋고' '먹기 좋은' 것이 영어로는 다 같이 agreeable인데, 한국어는 음식에 대해서만은 '먹음직한'이라는 말을 쓴다. 하기는 성경은 이브(하와)가 선악과를 보니 "먹음직도 하고 '보암직'도 하고⋯"(「창세기」 3장 6절)라고 번역하고 있기도 하다.

생리적인 경험이 아니라 심미적인 판단에서도 우리는 아름다운 것을 보면 쾌감을 느낀다. 그래서 사람들은 얼핏 예술을 아름다움과 동일시한다. 그러나 이 세상에는 미적 쾌감보다 더 강한 열정을 불러일으키는 다른 종류의 쾌감이 있다. 그것은 고통에 수반되는 쾌감이다.

흔히 우리는 고통이 정지되거나 완화되면 쾌(快)를 느낀다. 이가 아팠는데 치과에 다녀오니 통증이 사라져 상쾌함을 느끼고, 골치 아픈 일이 있었는데 해결하고 나니 날아갈 것처럼 후련하다. 이처럼 쾌가 고통의 정지에서 오기 때문에 우리는 고통이 필연적으로 쾌의 제거로부터 발생한다고 생각한다. 다시 말해 쾌와 불쾌는 상호 배제적이어서 하나 다음에 다른 하나가 온다고 믿는다. 그러나 버크는 인간의 마음이 종종 고통도 아니고 쾌도 아닌 상태에 있을 수 있다는 것을 확인했다. 아니, 고통과 쾌가 혼합된 정도가 아니라 아예 고통이 더 큰 쾌감을 준다는 통찰에 이르렀다.

예를 들어 칠흑 같은 어둠속에 들어갔을 때 물론 처음에는 섬찟하고 무서워 불쾌하다. 그 안에 무엇이 있을지 몰라 심한 두려움을 느낀다. 그러나 다음 순간 공포의 감정은 이상한 떨림으로 변하고 그것은 묘한 쾌감을 유발한다. 거대하고 놀라운 자연의 경치나 갑자기 맞닥뜨린 초자연적 사태 앞에서 우리는 강한 두려움을 느끼고 전율하는데, 그것은 아이러니하게도 공포와 환희가 한데 뒤섞인 강렬한 쾌감이다.

그래서 버크는 과감하게, 고통이 결코 불쾌하거나 비참한 것만은 아니라는 가설을 제시한다. 고통과 쾌가 존재하기 위해서는 반드시 상호적인 감소나 제거에 의존할 필요가 없을 뿐만 아니라 사실상 고통에서도 쾌감(agreeable)을 느낀다고 했다. 다시 말하면 고통이 감소하여 다 제거되었을 때 쾌를 느끼고, 쾌가 감소하여 다 제거되었을 때 고통을 느끼는 것이 아니라는 이야기다. 오히려 고통과 쾌가 합쳐졌을 때 더욱 쾌감을 느낄 뿐만 아니라, 어쩌면 고통 그 자체가 더 큰 쾌감을 준다는 것을 그는 깨달았다.

다만, 이때의 쾌는 아름다운 것을 보았을 때의 쾌와는 질적으로 다른 것이다. 아름다움 앞에서의 쾌가 포지티브한 쾌(positive pleasure)라면, 숭고한 것 앞에서의 쾌는 네거티브한 쾌(negative pleasure)다. 버크는 이 네거티브한 쾌를 즐거움(pleasure)이 아닌 환희(delight)라고 불렀다. 이때 포지티브와 네거티브는 수학에서의 양수와 음수 개념, 또는 덧셈, 뺄셈, 플러스, 마이너스 개념과 비슷하다. 무슨 이야기인가?

우리는 쾌를 향수하기 위해 굳이 애쓸 필요가 전혀 없다는 것을 경험을 통해 알고 있다. 예를 들어 아름다운 그림, 예쁜 꽃 앞에서 우리는 아무런 힘도 들이지 않고, 아무런 고통도 없이 그저 편안하게 즐거움을 느낀다. 직전의 감정에 또 하나의 즐거움을 무심하게 추가하는 것이다. 이런 관조적 즐거움이 포지티브한 쾌이고, 미적 쾌감이다.

그러나 아름답기는커녕 무섭고 두려운 대상 앞에서 우리는 우선 고통을 느낀다. 평온한 마음에 기분 좋게 쾌를 추가하는 것이 아니라, 온몸이 떨리며 나의 온 존재가 부정당하는 듯한 불쾌감을 느낀다. 자신의 상상력 또는 감각이 도저히 그것을 인식할 수 없다는 것을 확인했을 때의 불쾌감이다. 자연의 장대함이나 위험한 것 앞에서 우리가 느끼는 경악의 감정이 바로 이런 것이다. 경악은 공포와 함께 모든 운동이 정지되는 마음의 상태다. 이때 마음은 공포의 대상에 완전히 압도되어 다른 어떤 것도 생각할 수 없다. 이런 상태는 일단은 고통스럽다. 그런데 이상하게도 이 고통이 다음 순간 쾌감으로 변한다. 안온했던 미적 쾌감과는 비교도 할 수 없는 역동적인 쾌감이다. 한번 강한 부정을 거쳤다가 다시 쾌감으로 돌아온다는 점에서 이것을 네거티브한 쾌라고 한다.

이처럼 아름다운 것을 볼 때와 숭고한 것을 볼 때의 쾌감의 질은 전혀 다르다. 미적 쾌감은 직접적인 쾌감인 반면, 숭고적 쾌감은 간접적인 쾌감이다. 미적 쾌감은 그냥 즐겁기만 한 쾌감인데, 숭고적 쾌감은 처음엔 고통이다가 나중에 쾌감으로 전환되는 쾌감이다. 고통과 결합되면 쾌감은 두 배로 상승한다. 따라서 숭고가 주는 만족감은 미가 주는 만족과는 비교도 할 수 없이 강도 높은 열정을 불러일으킨다. 이 쾌감이 우리를 고양시킨다. 미는 한순간의 예쁨이지만 숭고는 자아를 고양시킨다. 롱기누스와 마찬가지로 버크도 공포에 의한 전율에서 어떤 탁월함과 고상함을 보았다. 위협에 의해 강요된 도전이 자아를 강하게 만들기 때문이다. 이것이 숭고의 위대함이다. 버크가 미의 중요성을 낮게 평가하고 숭고를 고귀한 감정으로 평가한 이유였다.

버크의 리스트에서 유머와 명랑함, 익살스러움, 우스꽝스러움, 해학적인 것들은 모두 숭고와 대척 지점에 있는, 숭고의 적이다. 우리의 지각에서도 시각적인 것이나 청각적인 것은 숭고하지만 냄새는 결코 숭고하지 않다. 숭고는 모든 신성한 것, 진지한 것, 초월성과 귀족성, 불가해한 어둠, 그리고 위대함이다. 숭고한 것 앞에서 우리는 고통을 느끼고, 그것을 추앙하지 않을 수 없다. 그러나 미는 포지티브한 쾌를 주고, 사랑스럽고, 또 흔히 왜소함을 수반한다. 그렇다면 무서운 것, 위험한 것, 불쾌한 것들은 무엇인가? 이것들이 모두 숭고다.

추앙과 사랑 사이에는 엄청난 차이가 있다. 추앙의 원인인 숭고는 항상 크고 무시무시한 대상들을 향하며, 사랑은 우리에게 즐거움을 주는 작은 것들에 적용된다. 나는 내가 추앙하는 것에는 복종하지만, 나에게 복종하는 것들에게는 사랑을 베푼다. 나를 따르는 자그마하고 귀여운 강아지는 기꺼운 마음으로 사랑하지만 그러나 강아지를 존경하거나 강아지에게 복종하지는 않는다.반면에 무시무시한 것들에 대해서는 한없는 존경심을 갖는다.

어떤 형태로든 고통이나 위험을 촉발하는 것, 말하자면 어떤 식으로든 공포스러운 것은 모두가 숭고다. 어쩌면 공포는 상실에서 발생한다. 빛의 상실은 어둠의 공포를 낳고, 타자의 상실은 고독의 공포를 낳으며, 언어의 상실은 침묵의 공포를, 그리고 사물의 상실은 텅 빈 공간의 공포를 낳는다. 이 중에서 가장 큰 공포는 생명의 상실을 예감하는 죽음의 공포다. 인간에게 가장 큰 두려움은 죽음에 대한 예감이다. 눈앞에 곧 다가올 듯한 죽음의 예감 앞에서 우리는 극심한 고통을 느낀다. 죽음에 대한 두려움이야말로 공포의 극치다. 그러나 일단 죽음의 위험을 극복하고 나면 공포는 우리에게 최고의 쾌감을 준다. 이것이 숭고의 감정이다. 그러니까 모든 숭고의 극한치는 죽음이다.

힘에 대한 경외감

당연히 신은 숭고하다. 신은 우리의 고통을 위로해 주고 우리를 구원해 주는 선한 존재이지만, 신은 또한 무섭다. 무소불위(omnipotent)하고 무소부재(omnipresent)한 신 앞에서 우리는 자신의 본성이 미미함을 자각하여 움츠러들고, 완전히 압도당한다. 신의 다른 속성들이 어느 정도 우리의 두려움을 완화시켜 주기는 하지만, 그리고 그의 정의로운 행위와 자비에 대해 확신하고 있기는 하지만, 그래도 우리는 신에게 도저히 저항할 수 없어 공포감을 떨쳐 버릴 수 없다. 그것은 자연스럽게 발생하는 공포다. 우리가 신 앞에서 즐거워한다 해도 그것은 속으로 벌벌 떨면서 즐거워하는 것이다. 은총을 받을 때조차 우리는 그토록 강력하고 풍요로운 은혜를 베풀어 주는 힘 앞에서 몸을 떨 수밖에 없다. 다윗은 신의 지혜와 경이에 대해 관조할 때, 신이 "기묘하게" "은밀한 데서" "기이하게" 나를 만들었다(「시편」 139편 14~15절)고 부르짖었다. 그가 얼마나 신성한 두려움에 사로잡혔는지 짐작할 수 있다.

신의 힘만이 아니라 인간 제도로부터 발생하는 모든 힘도 공포를 일으킨다. 그러므로 권력 또한 숭고하다. 많은 사람들이 권력자들 앞에서 몸이 얼어붙듯 공포에 질린다. 힘 앞에서 겁을 내는 것은 지극히 자연스러운 일이고, 그것은 우리의 본성에 내재하는 것이다. 그 두려움을 이겨 낼 수 있는 사람은 거의 없다. 한국에서 불과 5년 임기의 대통령이 왜 그렇게 제왕적 대통령이 되고, 그 앞에서 아무도 쓴소리를 하지 못하는지 우리는 비로소 이해할 수 있다. 모든 힘 (권력)은 숭고하기 때문이다.

숭고와 권력

뱀이나 전갈 등 독이 있는 거의 모든 종류의 동물들이 비록 크지는 않지만 공포의 대상이 되는 것은 그것들이 우리의 생명을 위협하는 위험한 독을 갖고 있기 때문이다. 독을 가진 동물이건 호러 영화의 한 장면이건, 그것들이 일으키는 공포감은 사람의 의식을 고귀하게 만든다. 고난을 거친 사람의 자아가 단단해지듯 공포의 감정도 인간을 변모시키는 힘을 갖고 있다.

하찮은 동물이 숭고의 관념을 환기한다는 버크의 말에 한국의 독자들은 고개를 갸우뚱할 것이다. 고작 파충류가 숭고하다고! 그러나 이런 거부감은 우리가 '숭고'라는 단어를 너무나 숭고하게 생각하는 데서 나온 반감일 뿐이다. 그 누구도 자신의 생명을 위태롭게 하는 위험한 대상을 하찮게 보거나 경멸할 수는 없다. 그 앞에서 두려움과 경외감을 느끼는 것은 당연하다. 모든 두려움의 대상은 숭고하기 때문이다. 숭고는 모든 권력에 대한 존경심, 경외감, 숭배, 굴종 등을 모두 포함하는 용어다.

구약성경 「욥기」에 나오는 상상의 괴물 리바이어던(리워야단, 바다 괴물)의 묘사야말로 힘 앞에서의 두려움이라는 인간 본성을 가장 실감 나게 표현한 것이 아닌가 싶다.

> 네가 낚시로 리바이어던을 끌어낼 수 있겠느냐? 노끈으로 그 혀를 맬 수
> 있겠느냐? 밧줄로 그 코를 꿸 수 있겠느냐? 갈고리로 그 아가미를 꿸 수
> 있겠느냐? 어찌 그것이 너와 계약을 맺고 너는 그를 영원히 종으로 삼겠느
> 냐? (...) 그것의 모습을 보기만 해도 그는 기가 꺾이리라. (41장 1~9절)

영국의 정치철학자 토머스 홉스는 이 장엄한 상상의 괴물을 국가에 비유하였다. 『리바이어던, 혹은 교회 및 세속 공동체의 질료와 형상 및 권력』(1651)이라는 긴 제목의 책에서였다. 그에 의하면 인간은 본래 이기적 존재이며, 자기 보호를 최우선시한다. 당연히 자신의 욕구를 충족시키거나 자기 보호를 위해 폭력적 성향을 드러낸다. 이 자연적인 상태 속에서 인간은 결국 '만인의 만인에 대한 투쟁' 상태에 돌입할 수밖에 없다. 그러나 역설적으로 인간은 이기적이기 때문에, 자기 자신을 보호하려는 이기적 본성에 따라 이런 무질서를 피하려 한다. 이를 실현할 강력한 힘의 형체를 형성하고 강한 대리인

을 세우게 되는데, 구성원들은 모든 권리를 이 대리인에게 양도하면서 그에게 복종해야 한다. 홉스는 그것을 리바이어던이라고 불렀다. 이 강력한 대리인이 다름 아닌 국가다. 사회계약설에 의거한 국가의 탄생을 리바이어던에 비유한 것이다. 숭고와 권력의 관계를 보여 주는 것으로 리바이어던만큼 적절한 예도 없을 것이다.

어쩔 수 없이 숭고는 정치의 맥락으로 이어진다. 20세기의 전체주의 체제는 자주 대중을 유혹하기 위해 숭고의 레토릭을 채택하였다. 숭고의 효과를 정치적으로 이용한 전형적인 예는 나치 시대의 건축가 알베르트 슈페어가 디자인한 뉘른베르크의 대중 집회 장소 '빛의 대성당'이다.

숭고와 경멸

공포, 두려움의 감정은 미적 대상뿐만 아니라 우리의 일상적인 인간관계에도 적용된다. 여기서 인간 심리가 적나라하게 드러난다. 숭고는 추앙의 대상이지만, 그것이 경멸로 떨어지는 것은 순식간이다. 숭고한 대상으로부터 힘이 떨어져 나가는 순간, 그리하여 아무런 공포감도 유발하지 못할 때, 전에 그토록 무서웠던 대상은 한순간에 멸시의 대상이 된다. 자신에게 순종적이고 아무런 해도 끼치지 않는 힘은 경멸하는 것이 인간의 본성이기 때문이다. 고분고분하고 착해서 고맙게 생각해야 함에도 불구하고 사람들은 오히려 그런 존재들을 아무런 죄의식 없이 마음껏 멸시한다. 인간에게는 기본적으로 자기보다 약한 존재를 무시하고 짓밟는 경향이 있다. 요즘 넷플릭스 드라마 '더 글로리'로 세간의 뜨거운 관심을 끌고 있는 학폭도 실은 이런 원초적 인간성의 발로인 것이다.

인간과 개의 관계는 그런 점에서 매우 의미심장하다. 한국의 반려견 애호가들은 커다란 개조차 강아지라고 부르며 개에 대한 애틋한 사랑을 표시하지만, 개에 대한 사랑이 결코 숭고함의 감정이 아니다. 버크의 말을 그대로 옮겨 보자.

> 누구나 잘 알다시피 수많은 종류의 개들은 모두 뛰어난 힘과 기민함을 갖고 있다. 그것들은 많은 가치 있는 성질들을 통해 우리의 편의와 즐거움에 기여한다. 참으로 개들은 모든 짐승 중에서 가장 사교적이고, 사랑스럽고, 우호적인 동물이다. 그러나 사랑의 감정은 흔히 우리가 생각하는 것과는 달리 경멸감에 가깝다. 사람들은 개를 쓰다듬고 사랑스러워하지만, 욕을 할 때면 개들의 이름을 빌린다. 개들로부터 빌린 명칭은 모든 언어에서 최악의 상스러움과 경멸의 공통된 표지다.

260여 년 전 사람인 버크가 인간과 개의 관계를 고찰한 대목은 지금 보아도 대단한 통찰이다.

이어서 그는 개와 늑대를 비교한다. 늑대는 많은 종류의 개들보다 특별히 더 많은 힘을 갖고 있지는 않다. 그러나 제어할 수 없는 맹렬

함 때문에 늑대의 관념은 경멸과는 거리가 멀다. 늑대에 대해서 우리는 언제나 함부로 대할 수 없고, 무섭고, 장엄하다고 생각한다. 사람에 대해서도 우리는 상냥하고 순종적인 사람들에게는 함부로 대하고 무서운 사람들에게는 깍듯이 대하지 않는가.

단순히 힘이 세고 약하고의 문제가 아니다. 아무리 힘이 세도 그힘이 유용하게 쓰이면서 우리의 혜택이나 즐거움에 기여할 때 그것은 결코 숭고하지 않다. 우리에게 순종하는 그 어떤 힘도 숭고의 관념을 주지 않는다는 것이 참으로 아이러니하다. 말(馬)은 경작이나 여행 또는 짐 나르기 등 사회적인 모든 유용성의 관점에서 매우 쓸모 있는 짐승이다. 그러나 그렇다고 해서 숭고성을 갖지는 않는다. 하지만 그런 말도 고분고분하지 않게 되면 숭고의 대상이 된다. 역시 「욥기」에 다음과 같은 말의 묘사가 나온다.

그 위엄스러운 콧소리 (...) 골짜기에서 발굽질하고 (...) 땅을 삼킬 듯이 맹렬히 성내며 나팔 소리에 머물러 서지 아니하고, 나팔 소리가 날 때마다 힝힝 울며 멀리서 싸움 냄새를 맡고 (...) (39장 20~25절).

유순하고 유용한 짐승도 반항적으로 될 때면 이렇게 두렵고 숭고한 대상이 된다.

전형적인 가축인 나귀도 숭고한 동물이 될 수 있다. 역시 「욥기」에 나오는 구절이다.

누가 들나귀를 놓아 자유롭게 하였느냐? 누가 빠른 나귀의 매인 것을
풀었느냐? 내가 들을 그것의 집으로, 소금 땅을 그것이 사는 처소로 삼
았느니라. 들나귀는 성읍에서 지껄이는 소리를 비웃나니 나귀 치는 사람
이 지르는 소리는 그것에게 들리지 아니하며, 초장 언덕으로 두루 다니
며 여러 가지 푸른 풀을 찾느니라. (39장 5~8절)

결국 스스로 자유를 주장하며 반항하는 존재는 결코 무시할 수 없
는 숭고함이 된다는 이야기다.

버크는 '순응적이고 무해한 힘'을 반(反)-숭고(counter-sublime)로 정의
했다. 아무리 힘이 세도 해롭지 않은 동물들은 우리의 관념 속에서
결코 숭고성을 갖지 못한다. 숭고는 어둑한 숲속에서 그리고 황량한
벌판에서, 사자·호랑이·표범 또는 코뿔소의 형상으로 우리에게 찾
아온다. 황소들은 숭고하지만 거세된 숫소들은 그렇지 않다. 늑대는
숭고하지만 개는 그렇지 않다. 왕과 신은 숭고하지만 보통 사람들은
그렇지 않다. 경멸할 수 있고 부릴 수 있는 대상들은 결코 숭고할 수
없기 때문이다. 숭고한 대상은 의심이나 비판을 넘어서 있다. 숭고
의 경험은 지배의 경험이기 때문이다.

하지만 아무리 힘센 동물도 일단 힘이 빠지면 숭고성이 사라진다.
힘이 숭고한 것은 힘이 공포를 동반할 때일 뿐이다. 우리에게 심각
한 정도로 해를 끼칠 수 있을 만한 힘이 박탈되었을 때, 다시 말해
힘이 빠져 더 이상 공포의 대상이 되지 못할 때 그 대상의 숭고성은

완전히 파괴된다. 그리고 즉시 그것은 단지 혐오스러운 것이 되고 만다. 힘 빠진 호랑이 또는 파충류를 사람들은 마음껏 조롱한다. 정치권력이건 회사 내의 소소한 권력이건 일단 권력을 상실한 인간에 대해서도 마찬가지다. 사람들은 벌떼같이 달려들어 그의 무능함과 파렴치함을 조롱하고 질타한다.

외견상 심미적인 버크의 숭고론은 이 부분에서 불가피하게 정치적으로 된다. 우리의 전직 대통령들이 사람들로부터 어떻게 경멸당했는지 우리는 생생하게 목도한 바 있다. 힘 빠진 노인들에 대한 주변 사람들의 멸시가 얼마나 가혹한지를 우리는 매일 다반사로 확인하고 있다.

애매모호함 혹은 비확정성

일반적으로 무엇인가를 두려운 것으로 만들려면 불확실성이 필요하다. 우리가 위험의 전모를 파악할 때, 또는 캄캄한 어둠에 눈이 익숙해졌을 때 불안감은 사라진다. 밤이 무섭다는 것은 어둡기 때문이다. 유령이나 도깨비가 무서운 것도 그것들이 무엇인지 우리가 명확한 관념을 갖고 있지 못하기 때문이다. 그래서 수많은 민담들이 생겨난 것이다.

역사 속의 많은 전제 국가들은 자기들의 수장을 될 수 있는 한 대중의 눈에서 멀리 떼어 놓았다. 그런 전략은 종교에서도 찾아볼 수 있다. 거의 모든 이교도 신전들은 음침하다. 드루이드(Druid)교 사제들은 가장 어두운 숲속에서, 그리고 가장 오래되고 가장 큰 떡갈나무 그늘에서 제식을 거행했다.

숭고란 결국 근본적으로 '한계'에 대한 네거티브한 체험이다. 왜 네거티브인가? 선뜻 앞으로 나서지 못하고 일단 한 발 뒤로 물러서기 때문이다. 벼랑 끝 같은 물리적인 한계도 무섭지만, 더 무서운 것은 우리의 인식의 한계이다. 우리가 이해할 수도, 도저히 제어할 수도 없는 어떤 과도한 것과 마주쳤을 때 우리는 인식의 한계를 느낀다. '도저히 이해할 수 없다'라는 느낌은 쓰나미로 밀려오는 바다나 깎아지른 높은 산봉우리 같은 자연의 무서운 양상에 의해 촉발될 수 있다. 또는 너무나 복잡해서 도저히 분명한 개념을 형성할 수 없을 때, 그리하여 우리 상상의 부적합성에 대해 좌절감을 느낄 때 촉발될 수도 있다. 한마디로 체험과 인식 사이의 넓은 간극에 의해 촉발되는 것이 숭고의 감정이다.

숭고는 또한 상대방을 확실히 알 수 없을 때 생기는 감정이다. 우리는 아는 것에 대해서는 아무런 두려움을 느끼지 않는다. 신(神)이 무엇인지 알지 못하여 경외감을 느끼고, 권력자가 언제 내게 사법적 폭력을 가할지 몰라 두려움을 느낀다. 우리가 캄캄한 어둠이 무서운 것은 그 안에 무엇이 있는지 모르기 때문이다.

모호한 대상에서 우리는 숭고를 느낀다. 영원이니 무한이니 하는 관념들에 전율적인 감동을 느끼는 것도 무한과 영원에 대해 우리가 완전히 무지하기 때문이다. 사람은 누구나 자기가 이해하지 못하는 대상 앞에서는 스스로를 한없이 작고 하찮은 존재로 여긴다. 어떤 대상을 분명하게 안다는 것은 그 한계를 지각한다는 의미이며, 대상의 한계를 지각한다는 것은 내가 그것을 장악하고 있다는 의미다. 내가 통제하고 장악하는 대상을 하찮게 생각하는 것은 인간의 보편적 심성이다.

그런데 공포란 무엇인가? 공포감은 대상의 정체를 알 수 없을 때 생겨난다. 어둠 속에 무엇이 있는지, 텅 빈 허공 속에 무엇이 있는지, 죽음이 무엇인지를 알 수 없어서 우리는 공포를 느낀다. 시간적으로도 잠시 후에 닥칠 일을 알 수 없을 때 극도로 압축된 한순간의 긴장감을 느끼는데, 이것이 공포다. 공포 앞에서 모든 동작은 중단되고 온몸이 전율한다. 이것인지 저것인지 알 수 없는 한중간의 정지 상태가 우리의 공포를 극대화시킨다.

호러 영화의 핵심적 요소인 서스펜스(suspense)가 바로 그것이다. 서스펜스도 물론 애매모호한 상태이기는 하지만 애매모호함만으로는 조금 약하고, 오히려 비확정성에 더 가까운 개념이다. 미결정인 채로 어중간하게 정지되어 있는 상태에서 아무것도 알 수 없고 아무것도 결정된 것이 없다는 사실이 공포감을 극대화시킨다. 영화에서 살인자의 모습 또는 괴물의 모습이 드러난 다음에는 그다지 무섭지 않다. 그러나 아무것도 드러나지 않아 뭐가 뭔지 모르는 한중간의 순간에 공포는 절정에 이른다. 아무것도 알지 못한다는 박탈감과 아무것도 확정된 것이 없다는 불안감이야말로 극도의 긴장감을 야기하기 때문이다. 그런데 놀랍게도 이 긴장감이 한층 강렬한 쾌감을 촉발한다.

그렇다면 최고조의 쾌감을 얻기 위해서는 위협 자체가 불안하게 한중간에 멈춰 서 있어야 하지 않겠는가? 다시 말하면 비확정성의 순간을 최대한 연장시켜야 하지 않겠는가? 그래서 공포 영화의 클라이맥스는 영화 종료 시간에 맞춰 최대한 늦춰진다. 버크는 현대 공포 영화 이론의 선구자라고 해도 좋겠다.

그림보다 글이 더 숭고

버크는 자신의 저서에서 회화보다 시가 더 우수하다고 주장함으로써 이미지와 텍스트, 혹은 회화와 문학의 우열에 대한 오랜 논쟁의 역사에 나름 종지부를 찍었다.

버크에 따르면 대상을 모방하여 그것을 형상으로 재현하는 회화는 우리의 감정에 미치는 힘이 제한적일 수밖에 없다. 왜냐하면 그림 앞에서의 감동은 그림이 실재와 얼마나 닮았는지를 인지하는 과정에 의해 작동되기 때문이다. 장미꽃 그림은 종이 위의 장미꽃이 실제의 장미꽃과 비슷해야 우리에게 감동을 준다. 다시 말해 미술은 재현에 기반해 있는 것이다. 서양 미술사에서 인상파 이전까지의 그림들은 모두 실재와의 유사성이 작품의 우수성을 보장하는 기준이었다.

그것을 보여 주기 위해 버크는 1세기 플리니우스(Plinius, 23~79)의 『박물지(Historia naturalis)』에 나오는 화가와 구두장이의 고사, 그리고 15세기 화가 벨리니와 튀르크 황제의 고사를 예로 든다.

고대의 화가 아펠레스(Apelles)는 그림을 완성시킨 다음에는 행인들이 지나 다니는 회랑 옆에 그것을 전시했다. 그리고는 그림 뒤에 숨어서 행인들의 비판을 몰래 들었다. 하루는 그 옆을 지나던 구두장이가 샌들이 잘못 그려져 있다고 말했다. 한쪽 끈이 너무 짧다는 것이다. 자기 실수를 깨닫고 아펠레스는 그림을 고쳐 그려 다시 거리에 내놓았다. 자기가 지적한 부분이 고쳐진 것을 보고 기고만장한 구두장이가 이번에는 인물의 다리가 잘못 그려졌다고 비판했다. 그러자 아펠레스가 그림 뒤에서 나와 "구두장이는 신발 이상은 비판하면 안 돼!"라고 소리 질렀다. 이것이 "구두장이여, 샌들을 넘어서지 말게나(Ne supra crepidam sandal)"라는 격언이 되었다. 비록 대중의 평가가 중요하기는 하지만, 예술에서의 비판은 비판자의 전문성의 한계를 넘어서서는 안 된다는 의미다.

이번에는 15세기 튀르크 황제의 이야기다. 화가 벨리니(Gentile Bellini, 1421~1508)가 그린 목 잘린 세례 요한의 그림을 보고 칭찬을 아끼지 않은 황제가 그림에서 한 가지 결점을 발견했다. 목 잘린 부분의 피부가 오그라들지 않고 평평하게 그려진 것이다. 목이 잘리면 그 부분의 피부가 어떻게 되는지를 보여 주기 위해 그는 노예 한 명을 불러 목을 베었다. 그리고 피부가 오그라드는 모습을 벨리니에게 보여 주었다. 이 끔찍한 광경은 전제 군주의 포악함, 노예를 사람으로 취급하지 않던 시대의 인권 상황을 말해 주기도 하지만, 그림의 장점은 현실의 완벽한 모방이라는 것을 증언해 주는 일화이기도 하다.

그러니까 고대의 화가와 구두장이, 그리고 15세기의 튀르크 황제에게 공통점이 있으니, 그것은 실물이 정확하게 묘사되었다고 믿을 때 사람들은 예술 작품에서 쾌를 느낀다는 것이다.

하지만 글로 쓰인 텍스트를 생각해 보자. '장미꽃'이라는 단어는 그 자체가 실제 장미와는 아무런 유사성이 없는 중성적인 기호(記號)다. 따라서 시가 사람을 감동시키는 힘은 형상과 실재의 유사성의 문제가 아니다. 언어가 주는 상상의 폭은 한없이 넓고 강력하여, 다른 그 어떤 수단으로도 불가능한 것들을 단어의 조합을 통해 훌륭하게 실현해 낸다. 이처럼 언어는 감정을 표현하는 문제에서 그림보다 훨씬 더 우위를 점하고 있다. 언어란 그 자체로 격렬한 의미를 함축하고 있고, 가시성을 신경 쓰지 않고도 정신적인 문제를 자유롭게 환기하기 때문이다.

위대한 어떤 것을 보여 주려면 언어만큼 효과적인 것이 없다고 버크는 말한다. 예를 들어 천사를 보여 주는 데는 두 가지 방법이 있다. 하나는 날개가 달린 아름다운 아기를 그림으로 그리는 것, 또 하나는 '주님의 천사' 같은 단 한마디 말을 글로 쓰는 것이다. 그는 밀턴(John Milton, 1608~1674)의 『실낙원』에서 추락한 천사들의 여정이 끝나는 부분에 나오는 '죽음의 세계'라는 구(句)를 예로 든다. "이 구의 강력한 느낌을 그 어떤 회화가 보여 줄 수 있단 말인가?"라고 그는 묻는다.

불확실성의 강렬한 빛 속에 무시무시한 것들을 배치하고 강조하는 기법을 완벽하게 터득한 시인은 밀턴이다. 『실낙원』 제2권에 나오는 사탄 묘사가 그것이다. 이 시구(詩句)들은 탑, 천사장, 안개를 뚫고 솟아오르는 해 또는 일식, 모든 왕국들의 폐허 그리고 왕국들의 혁명 등 위대하고 혼란한 이미지들로 이루어져 있다. 그것이 감동적인 까닭은 그 이미지들이 한데 엉겨 혼란스럽기 때문이다. 그것을 따로 떼어 하나씩 분리해 보면 그 위대함은 많이 상실될 것이다. 다시 그것들을 한데 모아 보면 틀림없이 명료성은 잃게 되지만 대신에 우리는 장엄함과 숭고함을 얻는다. 시에 의해 환기된 이미지들은 항상 이러한 종류의 불명료성을 갖는다. 「욥기」나 『실낙원』의 장엄함은 전적으로 언어가 가진 불명료성의 엄청난 폭 때문이다.

극도의 공포감과 숭고함을 야기하는 「욥기」의 다음 구절은 텍스트의 우월성을 증명해 주는 좋은 예이다.

사람이 깊이 잠들 즈음 내가 그 밤에 본 환상으로 말미암아 생각이 번거로울 때에, 두려움과 떨림이 내게 이르러서 모든 뼈마디가 흔들렸느니라. 그때에 영(靈)이 내 앞으로 지나매 내 몸에 털이 주뼛하였느니라. 그

영이 서 있는데 나는 그 형상을 알아보지는 못하여도 오직 한 형상이 내 눈 앞에 있었느니라. 그때에 내가 조용한 중에 한 목소리를 들으니 "사람이 어찌 하나님보다 의롭겠느냐(just)? 사람이 어찌 그 창조하신 이보다 깨끗하겠느냐?" (4장 13~17절)

그림도 없이 순전히 언어로 직조된 이 광경에서 우리는 공포에 사로잡힌다. 공포의 원인은 깊이를 알 수 없는 어둠이다. 그 어둠은 생생한 묘사보다, 즉 분명한 그림이 표상할 수 있는 것보다 훨씬 더 경외감을 주고, 충격적이며, 무시무시하다.

칸트의 숭고 미학

　버크의 책이 나온 지 33년 후 펴낸 『판단력 비판』(1790)에서 칸트(Immanuel Kant, 1724~1804)는 버크의 가설이 철학이라기보다는 생리학적이고 심리학적인 연구라고 했다. 아마도 자신의 저작은 좀 더 철학적이라는 이야기를 하고 싶었던 것 같다. 과연 미와 숭고에 대한 그의 정교한 이론은 그 자체만으로도 우리의 지적 호기심과 미감을 만족시킨다.

　칸트가 처음으로 숭고를 다룬 것은 「미와 숭고의 감정에 대한 고찰(Observations on the Feeling of the Beautiful and the Sublime)」(1764)이라는 제목의 소논문에서였다. 여기서 그는 미의 감정과 숭고의 감정을 대비시켜 "미가 매혹을 주는 반면 숭고는 마음을 흔들어 놓는다"고 했다.

무서운 자연 현상이 숭고

　　깎아지른 듯 높이 치솟은 기암괴석, 번개와 천둥을 동반하며 하늘을 뒤

덮은 먹구름, 무서운 파괴력을 과시하며 이글거리는 화산, 엄청난 상흔을 남기고 지나가는 태풍, 노호하듯 파도가 몰아치는 끝없는 대양, 힘차게 흘러내리는 높은 폭포.

마치 사실주의 소설의 한 대목 같은 이 묘사는 『판단력 비판』에 나오는 구절이다. 가장 난해한 철학자 중의 한 사람인 칸트의 철학 저서치고는 너무나 감성적인 글쓰기다. 물론 책 전체 중 이런 부분은 아주 조금이고 나머지는 거의 다 힘겹게 헤쳐 나가야 할 언어의 가시덤불이다.

흔히 우리는 무한한 우주, 영겁, 신의 섭리, 인간 영혼의 불멸 같은 것들을 숭고라고 생각한다. 그러나 자연 현상도 그것이 우리에게 무한성에 대한 감각을 일깨워 줄 때는 숭고하다. 거대하고 무시무시한 자연은 우리의 저항력을 아주 미미한 것으로 만들어 버린다. 이것들의 위력에 비하면 인간의 저항력은 보잘것없고 미미하다. 동양의 노자(老子)도 자연의 폭력성을 '천지불인(天地不仁)'이라는 말로 표현하지 않았던가. 『도덕경』 제5장에 등장하는 말이다. 천지불인, 이만물위추구(天地不仁, 以萬物爲芻狗), 하늘과 땅, 즉 자연은 결코 어질지 않다. 자연은 세상 만물을 짚으로 만든 상갓집 개 취급한다. 그 앞에서 우리는 자신이 한없이 작고 하찮은 존재라는 사실을 깨닫지 않을 도리가 없다. 그래서 거대한 자연은 숭고하다.

거대한 자연은 왜 숭고한가? 광대무변한 자연은 나의 감성으로는 도저히 이해할 수 없어서 나는 그 앞에서 완전히 압도되고 좌절하여 가위 눌린 듯 숨이 턱 막힌다. 자연은 한없이 거대한데, 나는 그 자연을 평가하기에 알맞은 척도를 갖고 있지 못하다. 그래서 나는 우선 심하게 당혹감을 느끼고 경외감에 휩싸인다.

우리는 장미꽃 앞에서 즉각 "예쁘다"고 말하며 차분하게 관조적 즐거움을 느낄 수 있다. 그러나 거대한 폭풍우 앞에서는 그것을 표현할 적절한 말을 찾지 못해 망연자실한다. 다시 말해 그 광경을 적절한 표상으로 제시할 수 없다. 거대한 크기와 엄청난 힘 앞에서 우리의 상상력은 좌절되고 오성의 표상 능력은 방해를 받아, 우리는 도저히 그것들을 표현할 방법이 없다. 이 순간 우리는 자신이 한없이 왜소하다는 감정과 함께 공포감을 느낀다.

그러나 당혹감도 잠시, 한순간의 두려움이 지나고 나면 나는 그 새로운 상황을 곧 파악하고 거기에 적응한다. 처음에는 무서웠지만 마음의 힘(심의력)은 곧 일상의 평범한 수준을 넘어 나의 내부에 전혀 다른 종류의 저항 능력이 있다는 것, 그리고 그 능력은 자연이 보여주는 절대적인 힘에 견줄 만하다는 것을 깨닫게 된다. 이 능력이 바로 감성을 뛰어넘는 이성의 능력이다. 일상의 안온한 상황은 감성적 차원이고, 난폭한 자연의 역동적 상황은 이성의 차원이다. 아름다운 것 앞에서는 상상력과 오성이 작동하지만, 숭고한 대상 앞에서는 이성이 작동한다. 나에게는 이처럼 우월한 마음의 능력, 즉 이성이 있다. 이 능력이 자연의 절대적 힘에 도전할 수 있는 용기를 준다.

이런 숭고한 대상 앞에서는 내가 지금까지 그토록 중요하게 생각하던 재산이니 건강이니 생명 같은 것이 일순 하찮은 것으로 여겨진다. 비록 나의 존재는 왜소하여 자연의 강제력에 굴복하지 않을 수 없지만, 나의 인격 안에 들어 있는 인간성은 손상을 입지 않았다. 그리하여 나는 나의 독립성에 자부심을 느낀다. 다시 말하면 나의 인격이 높이 고양되었음을 깨닫는다.

　철학에서 많이는 쓰이는 '고양'이란 단어는 영어로 elevated이다. 높이 올라갔다는 말이다. 우리는 고상하고, 고귀하고, 고결(高潔)한 모든 탁월한 성품에 모두 높을 고자를 쓴다. 정신적으로 추상적으로 우수한 모든 것에 '높은 곳'이라는 물리적 공간 비유를 사용하는 것이다. 고고(孤高), 고담준론(高談峻論), 고답적(高踏的), 고매(高邁), 고명(高明), 고아(高雅) 등이 모두 그러하다. 그 인식이 확대되어 단순히 높이 올라갔다는 표현만으로도 정신이 고귀하게 되었다는 의미가 된다. '고양'이라는 철학 용어는 이처럼 쉬운 기원을 갖고 있다. 이처럼 스스로 높이 고양되었음을 깨닫는 순간 나는 엄청난 쾌감을 느낀다.

　더군다나 우리가 안전한 곳에 있기만 하다면 공포는 오히려 짜릿한 흥분을 제공할 뿐이다. 마치 영화관 안락의자에 앉아 블록버스터 재난 영화를 볼 때, 또는 통유리 밖으로 정원의 나무들이 태풍에 마구 휩쓸리는 장면을 볼 때와도 같다. 아늑한 실내와 대비되는 그 장면들은 아무리 위험하고 참혹해도, 아니 위험하고 참혹할수록 더욱더 스릴과 박진감을 제공할 뿐이다. 고생하는 주인공을 동정하고,

끔찍한 재난 장면에서 눈을 가리기도 하지만, 이때 우리는 내심 통쾌한 쾌감을 느낀다. 그리하여 두려운 광경은 두려울수록 더욱 우리의 마음을 사로잡는다.

결국 자연의 위력은 내가 육체적으로 무력한 존재임을 인식하게 해 주는 동시에 그 자연을 능가하는 우월성이 나에게 있음을 일깨워 주었다. 아무리 거대하고 힘센 무시무시한 자연이라도 그 앞에서 "나는 나의 내부에 있는 본능보다 우월한 존재이며, 그렇기 때문에 나는 나의 외부에 있는 자연보다 우월하다"는 감정을 느끼게 될 때 그 대상은 숭고하다. 그러니까 자연이 숭고한 것은 공포를 야기해서라기보다 오히려 그것이 나의 안에 이성이 있음을 깨닫게 해 주었기 때문이다. 버크가 공포에 더 방점을 두었다면 칸트는 우리의 이성을 더 강조하고 있다.

재현 불가능한 것이 숭고

우리는 흔히 미국의 그랜드 캐니언 같은 엄청난 크기의 경치 앞에서 "숨 막히는 광경이다"라고 말하거나 혹은 "상상을 절(切)한다"라고 말한다. '판단력 비판'이라는 말을 들어 본 적도 없는 평범한 관광객들이 칸트의 숭고론을 정확하게 논증하고 있는 셈이다. 자연만이 아니라 이집트의 피라미드나 로마의 성 베드로 성당 같은 거대 인공물 앞에서도 마찬가지다.

우리의 상상력(또는 구상력)은 높은 산이나 광활한 사막 혹은 쓰나미처럼 밀려오는 바다의 파도나 용솟음치는 화산 같은 절대적으로 큰 대상 앞에 섰을 때 그것과 일치하는 표상을 만들어 낼 능력이 없다. 표상을 만들어 내지 못한다는 것은 상상력과 오성이 일치하지 않는다는 이야기다.

두려운 자연 현상 앞에서, 혹은 거대한 인공물 앞에서 우리가 느끼는 두려움과 경외감, 이것이 바로 숭고의 체험이다. 칸트는 피라미드나 성 베드로 성당 같은 거대함이 주는 숭고감을 '수학적 숭고(mathematical sublime)', 쓰나미 같은 압도적 힘에 관련된 것은 '역동적 숭고(dynamic sublime)'라고 이름 지었다. 수학적 숭고는 무한한 절대적 크기의 관념에서 나오고, 역동적 숭고는 엄청난 에너지 앞에서의 경외감에서 나온다. 그래서 칸트는 "쉽게 말해 절대적으로 큰 것은 모두 숭고다"라고 말했다(『판단력 비판』 §25).

이집트 사막 기자(Giza) 지구에 있는 대(大) 피라미드를 관광한 적이 있다. 거대한 세모꼴의 돌더미 앞에서 우선 나는 그 크기에 압도되어 당황하였다. 바닥 넓이만 5만 2,600평방미터인 거대한 피라미드는 달에서도 보인다고 하지 않는가. 만들어졌을 당시에는 그 높이가 약 146.8미터였을 것으로 추정되나 현재는 138.8미터의 높이를 가지고 있다. 1311년 잉글랜드에 160미터 높이의 링컨 대성당이 세워지기 전까지 피라미드는 약 3,800년간 세계에서 가장 높은 건축물이었다. 물론 현대인에게 이 높이는 별것 아닐 수 있다. 200미터 이상 마천루가 수두룩하고, 세계 최고층 빌딩인 아랍에미리트의 부르즈 할리파는 높이가 828미터, 서울의 롯데월드타워만 해도 높이가 555미터나 된다. 하지만 지금으로부터 약 4,500년 전에 평균 무게 2.5톤의 바위 약 230만 개를 쌓아 사변이 삼각형인 사각뿔 구조물을 반듯하게 만들어 놓았다는 것을 생각하면 그 정교한 기하학적 사고와 거대한 스케일에 전율감을 느끼게 된다. 세계 7대 불가사의 중 하나라는 말이 실감 난다. 이 거대한 피라미드를 제대로 감상하려면 너무 가까이 가도 안 되고, 너무 멀리 떨어져서도 안 된다. 나폴레옹 1세의 이집트 원정(1798~99)을 수행했던 사바리(Anne Jean Marie René Savary) 장군이 회고록『이집트 서한(Lettres sur Egypte)』에서 한 말이다.

1506년에 짓기 시작하여 120년 만인 1626년에 완공된 로마의 성 베드로 성당도 관광객들을 경악과 당혹감에 사로잡히게 하기는 마찬가지다. 6만 명을 수용할 수 있는 건물의 크기도 놀랍지만, 이 크고 화려한 건물이 400년 전에 지어졌다는 역사적 무게가 우리를 압도한다. 바로크 시대 화가 비비아노 코다치(Viviano Codazzi)가 1630년에 그린 성 베드로 광장의 경관은 한국 관광객이 가득 찬 오늘날의 광장과 별로 다르지 않다. 지금 우리가 보고 있는 이 모습이 칸트와 헤겔의 시대와 별반 다르지 않다는 것이 신기하기만 하다. 피라미드의 경우와 마찬가지로 여기서도 관광객은 상상력의 좌절을 느낀다. 전체 모습을 표상하려 하지만, 상상력은 이미 최대 한도에 도달하여, 그것을 확대하려 노력해 보았자 소용없다.

근원적으로 하나의 대상은 표상에 의해 주어진다. 여기 내 눈앞에 예쁜 장미꽃 한 송이가 있다고 치자. 내가 그 장미꽃을 예쁘다고 판단하거나 아니면 그 장미꽃을 식물학적으로 인식하기 위해서는 그 꽃이 나의 머릿속에 들어와야 한다. 그런데 장미꽃이라는 물체가 그냥 내 머릿속으로 들어올 수는 없다. 그것은 마치 하얀 종이 위에 선명한 색채로 그려진 장미꽃 그림 같은 모습으로 내 머릿속에 들어온다. 내 머리 속에 마치 총천연색의 영상처럼 들어온 그 그림(이미지)을 표상(表象, representation)이라고 한다. 그 표상이 인식의 원천이 되기 위해서는 상상력과 오성의 개입이 필요하다. 상상력은 갖가지 직관을 한데 모으기 위해서이고, 오성은 표상들을 통합하는 개념의 통일성을 위해서이다.

거대한 것 앞에서 우리의 오성이 그것들을 따라잡지 못하는 심리적 과정을 칸트는 '미적 총괄(comprehensio aesthetica)'의 개념으로 설명한다. 우선 너무 멀리서 바라보면 쌓아올린 피라미드의 돌덩어리들만 희미하게 보여 우리의 미감적 판단에 아무런 영향을 미치지 못한다. 그렇다고 너무 가까이 가면 눈이 바닥에서 정상까지 완전히 포착하기 까지 상당한 시간이 소요되고, 그러는 동안 바닥의 부분들은 서서히 소멸되어 미적 총괄이 일어나지 않는다. 결국 거대한 대상을 인지하거나 판단하기에는 나의 상상력이 부족하고 부적합하다는 것을 인정하지 않을 수 없다. 나의 상상력은 그 대상의 처음 부분에서 포착한 감각 자료의 일부를 상실함이 없이는 도저히 전체를 포괄적으로 파악할 수 없기 때문이다.

우리가 시각, 청각 등 감각을 통해 하나의 대상을 지각하는 것은 상상력, 다시 말해 상(像)을 만들어 내는 능력을 통해서이다. 상상력에는 포착(apprehensio)과 총괄(comprehensio)이라는 두 개의 기능이 있다. 상상력은 우선 대상을 감각적으로 포착하고, 포착된 수많은 감각적 자료들을 총괄적으로 통합한다. 이것이 포착과 총괄이다. 그런 후에 오성이 인식적 혹은 미적 판단을 내린다. 포착의 기능은 대상이 아무리 거대해도, 즉 피라미드 같은 거대한 대상이어도 아무런 곤란이 없다. 이 기능은 그저 무한히 앞으로 진행하며 대상을 포착하기만 하면 되기 때문이다. 그러나 총괄은 포착이 앞으로 나아가면 갈수록 점점 더 곤란해진다. 왜냐하면 최초에 포착된 감성적 표상은 우리 몸이 앞으로 나아갈수록 하나씩 소멸해 없어지기 때문이다. 거대한 대상 앞에서 상상력은 한편으로는 얻으면서 한편으로는 잃어 가는 방식으로 앞으로 나아간다. 다시 말해 대상을 총괄할 수 없다.

물질적 대상만이 아니라 무형의 경험도 마찬가지다. 공포스럽거나 명쾌하게 설명할 수 없는 어떤 불가해한 체험과 맞닥뜨릴 때, 마치 그 체험과 나 사이에 뛰어넘을 수 없는 심연이 있는 것처럼 나는 도무지 분간할 수 없고, 이름 붙일 수 없으며, 정확하게 확정 짓거나 분명한 개념을 형성할 수도 없다. 상상력은 상을 그려 낼 수 없고, 오성은 개념을 만들어 낼 수 없다. 다시 말하면 나는 그 대상을 언어로 표현할 수도, 그림으로 그려 낼 수도 없다.

대상을 총괄할 수 없으면 상상력은 표상(to represent)의 기능을 작동시킬 수 없다. 표상이란 대상의 모습을 자기 머릿속에 상으로 그려 내는 것이기 때문에, '표상할 수 없다'는 것은 말로 표현하거나 그림으로 그려 낼 수 없다는 뜻이다. 우리의 머릿속 이미지는 언어로 혹은 이미지로 형상화되어야만 비로소 실재의 존재가 되기 때문이다. 머릿속에 아무리 이미지가 형성되어 있어도 그것을 종이 위에 손으로 그려 놓거나 아니면 우리의 입으로 말하지 않는 한 그것은 세상에 존재하지 않는다. 그런데 우리의 마음의 능력이 대상을 표상할 수 없는 상태가 되는 바로 그 순간, 그리하여 매우 불쾌한 기분이 드는 순간 우리는 놀랍게도 묘한 쾌감을 느낀다.

물론 처음에는 한없이 좌절하고 위축되면서 대상에 대한 두려움과 경외감을 느꼈다. 그러나 이 좌절감은 곧 가슴 벅찬 환희로 바뀐다. 그 환희는 미 앞에서 느꼈던 것과는 비교할 수도 없이 엄청나게 큰 감동과 만족감이다. 이 감정이 숭고다. 숭고란 우리가 이해하거나 제어할 수 없는 어떤 한계(limits) 앞에서 느끼는, 일단 부정적인, 네거티브한 체험이다. 이 체험은 언어로도 이미지로도 표상할 방법이 없다. 그러나 그래도 언어로 표현을 해야만 한다면, '도저히 말로 표현할 수 없는'이라고 하거나 아니면 좀 더 고풍스럽게 '형언할 수 없는'이라고 말할 수밖에 없다. 이렇게 말하는 방식이 바로 숭고 미학이다.

그러니까 숭고의 대상은 표현 불가능한 관념이다. 그것들을 제시

(to present)할 적절한 말이 없다. 고작 할 수 있는 말이 '필설로 다 할 수 없는', '상상을 절하는' 등의 표현뿐이다. '예쁘다', '아름답다' 등이 포지티브한 표현이라면, '할 말이 없다'라는 것은 네거티브한 표현이다. 숭고는 재현 불가의 미학이다. 적극적으로 표현할 방법이 없으므로 '그것을 표현할 수 없다'라는 말로 대신하는 것이다. 그런 점에서, 나중에 우상 금지법의 근거가 된 십계명의 제1, 2 계명은 유대 율법 중 가장 숭고한 구절이라 할 만하다.

> 너는 나 외에는 다른 신들을 네게 두지 말라. 너를 위하여 새긴 우상을 만들지 말고 또 위로 하늘에 있는 것이나 아래로 땅에 있는 것이나 땅 아래 물속에 있는 것의 어떤 형상도 만들지 말며, 그것들에게 절하지 말며 그것들을 섬기지 말라. 나 네 하나님 여호와는 질투하는 하나님인즉 (...) (「출애굽기」 20장 3~5절)

유대 민중이 자신과 타민족을 비교하며 그들의 종교에 대해 느꼈던 열광을 이 계명은 잘 설명해 주고 있다. 그런데 여기서 "너를 위하여 새긴 우상을 만들지 말고"는 '하나님은 재현이 불가능한 존재'라는 뜻이 된다. 칸트는 이 구절을 숭고함의 최고 경지로 찬양했다 (『판단력 비판』 §127).

해석의 여지를 많이 남겨 둘수록 위대한 작품이라거나, 전체를 다 표현하지 않는 파편적인 문학일수록 숭고하다는 문학 이론들도 숭고론의 일부다. 프리드리히 슐레겔은 고대 서사시들이 숭고하게 느껴지는 것은 그것들이 파편적으로만 남아 있기 때문이라고 했다. 텍스트를 완전히 이해할 수 없기에 후대에 이르기까지 학자와 독자들이 끊임없이 연구하고 다시 읽기 위해 원전으로 되돌아가는데, 그 불가해함과 애매함이 고대시의 가치를 높이고 숭고미를 불러일으킨다는 것이다.

칸트는 숭고미의 이론을 설명하기 위해 피라미드와 성 베드로 성당을 예로 들었지만, 실제로 그는 평생 자기 고향을 떠나 본 적이 없는 사람이어서, 피라미드건 성 베드로 성당이건 직접 본 것은 아니고, 폭풍이 몰아치는 바다도 본 적이 없을 것이다. 아마도 자신의 이론을 독자들에게 쉽게 이해시키기 위해 당대의 여행기들을 읽고 인용한 것 같다.

장미꽃은 저 스스로 예쁘고,
폭풍의 바다는 바라보는 내가 숭고해요

장미꽃 앞에서 우리는 두 가지 판단을 내릴 수 있다. 만약 당신이 "장미의 잎은 어긋나기를 하고 보통 홀수 깃꼴겹잎을 이루지만 홑잎인 것도 있으며, 턱잎이 있다. 꽃은 줄기 끝에 단생꽃차례나 산방꽃차례로 피며, 홑꽃은 꽃잎이 5개지만 원예종 가운데에는 홑꽃 이외에 겹꽃·반겹꽃을 이루는 것이 많다. 장미의 대표적 특성 중 하나는

가시인데, 가시는 줄기의 표피세포가 변해서 끝이 날카로운 구조로
변한 것이다"라고 말했다면 이것은 장미에 대한 인식적 판단이다.
식물학자처럼 장미에 대한 이론적 판단을 했다는 얘기다.

그러나 "장미 앞에서 / 소리 내어 울면 / 나의 눈물에도 향기가 묻
어날까"라고 쓴 시인만큼은 아니라 하더라도, "아, 꽃이 참 예쁘네!"
라고 말했다면 당신은 이미 장미에 대해서 미감적(에스테틱) 판단을
한 것이다.

미적 판단을 할 때 우리 마음에서는 오성과 상상력이라는 두 기능
이 작동한다. 상상력은 이미지를 만들어 내는 능력이고, 오성은 텍
스트를 만들어 내는 능력이다. 장미꽃 앞에서 상상력은 우리의 감각
기관을 통해 들어온 꽃의 모습을 상(이미지)으로 만들어 낸다. 상상력
이 보내 준 그 데이터를 오성이 받아 개념에 의거하여 분류하고 정
돈한다. 이런 작업을 하는 동안 두 기능 사이에는 자유로운 운동이
일어난다. 오성과 상상력 사이를 자유롭게 오가는 유희적 운동이다.
그 둘이 유희적 운동을 벌이다가 마침내 딱 일치하여 조화를 이루는
순간이 있다. 이 순간 우리는 쾌감을 느끼는데, 그 쾌감이 다름 아닌
미(美)이다.

그러나 무섭게 밀려오는 쓰나미나 불을 내뿜는 화산 앞에서 상상
력과 오성은 일치하지 않고 서로 삐끗 어긋나며 탈구(脫臼)한다. 탈구
란 관절을 형성하는 뼈들이 정확히 연결되어 있지 않고 제자리에서
이탈하는 현상을 말한다. 나의 상상력과 오성이 서로 탈구하여 머릿

속에 아무런 상도 만들어 낼 수 없을 때, 그 대상은 내 마음속에 극도의 긴장감과 고통을 야기한다. 그 고통에서 빠져나오기 위해 나는 상상력과 오성을 포기하고 대신 이성을 대상과 조화시키려 한다.

그런데 이 순간 갑자기 놀라운 일이 일어난다. 마음의 능력들이 불일치하고 탈구하여 발생했던 고통이 난데없이 쾌감으로 변하는 게 아닌가. 그것도 쉽게 조화를 이루었을 때의 쾌감보다 두 배는 더 강렬한 쾌감이다. 칸트는 이것을 감동(agitation)이라 불렀다. 감동이란 생명력이 순간적으로 저지되었다가 곧이어서 더욱 강렬하게 넘쳐흐름으로써 일어나는 쾌의 감정이다.

이처럼 불쾌와 고통의 감정이 일순간에 만족감으로 바뀔 때의 그 쾌감이 숭고다. 한마디로 숭고는 쾌와 불쾌의 혼합이다. 처음에는 오성과 상상력이 일치하지 않아 심하게 불쾌한 기분을 느끼지만, 억눌림의 반동으로 생명력은 보다 강렬하게 튀어 오르고, 이때의 감동은 미적 감동과는 비교도 할 수 없이 강렬하다. 이 감동이 숭고다. 이 감동은 전혀 미에 속하는 것이 아니다. 이것은 다름 아닌 숭고다.

상상력이 하나의 대상을 제시(표상)하는 데 실패하고, 상상력과 오성의 조화는 깨지고, 둘 사이에 자유로운 유희가 일어나기는커녕 심한 갈등이 야기되며, 오성의 표상 능력은 더 이상 작동되지 않는 순간 우리는 일시적으로 좌절하고 불쾌감을 느꼈었다. 그러나 오성이 더 이상 적절한 기능이 아니라는 사실을 간파한 나(주체)는 인식의 또 다른 축인 이성에 의존한다. 비록 오성은 좌절했지만 대상을 이성과 조화시키려 시도해 본다. 그리고는 나에게 오성보다 더 높은 단계인 이성의 능력이 있음을 확인한다. 그러자 나는 스스로 한껏 고양된다. 내가 아주 고귀하고 높은 위치에 올라가 있음이 느껴지기 때문이다. 이처럼 자신의 정신력이 평범한 중간치 이상으로 높아졌다는 것을 느낄 때 우리는 강렬한 감동을 느낀다. 이 강렬한 감동, 이것이 바로 숭고의 감정이다.

그러므로 숭고는 자연의 사물 속에 있다기보다는 차라리 나의 심성 속에 있는 것이다. 미가 대상의 성질이라면 숭고는 주체인 나의 상태다. 장미꽃은 저 스스로 예쁘지만, 거대한 자연은 바라보는 내가 있어야 숭고해진다.

규정적 판단과 반성적 판단

우리의 마음 안에서 상상력과 오성이 일치하는 순간 우리는 아, 이것이 미(美)로구나 하고 판단을 내리는데, 이런 판단을 칸트는 취미 판단, 또는 미감적 판단이라고 했다. 이 판단은 순전히 관조적(contemplative) 판단이지, 인지적(cognitive) 판단이 아니다. 다시 말하면 개념에 근거하거나 또는 개념을 도출해 낼 목적으로 하는 판단이 아니라 그냥 나를 즐겁게 하느냐 아니냐를 결정하는 판단이라는 얘기다.

대상에 대한 인간의 판단에는 인식적 판단과 미감적 판단 두 가지가 있다. 대상을 이론적으로 판단하는 인식적 판단은 우리의 마음의 능력 중 이성이 하는 것이다. 반면 대상을 쾌, 불쾌로 판단하는 미감적 판단은 오성이 담당한다. 이성은 대상을 인식하는 능력이고, 오성은 상상의 힘을 빌려 대상을 미적으로 판단하는 능력이다(2009년에 나온 백종현의 번역은 오성을 지성으로 번역했다).

그럼 애초에 판단력이란 무엇인가? 특수(the particular)를 보편(the universal) 아래 포함된 것으로 사유하는 능력이다. '나'는 특수한 존재인데, '인간'은 보편적 개념이다. 이 둘을 합쳐 "나는 인간이다"라는 문장을 만들면 이것은 '나'라는 특수성을 '인간'이라는 보편성 아래 포함시키는 명제가 된다. "장미 나무는 식물이다", "사자는 동물이다"… 등등의 문장들이 모두 특수성을 보편성 아래 포함시키는 사유를 보여 주고 있고, 이런 사유를 할 수 있는 능력을 판단력이라고 한다.

판단에는 규정적(determinant judgment) 판단과 반성적(reflective judgment) 판단의 두 가지가 있다. 예를 들어 보편이 먼저 주어져 있고 그 밑에 특수를 포함시키는 능력은 규정적 판단이다. 즉, "장미꽃은 식물이다"라는 판단은 '식물'이라는 보편이 먼저 주어져 있고, 그 후에 어느 특수한 장미꽃 하나를 식물 아래 편입시키는 것이다. 이런 판단을 규정적 판단이라고 한다. 그러나 특수가 구체적으로 주어져 있을 때, 이에 대해 보편을 찾아내는 것은 반성적 판단이라고 한다. 예를 들어 어느 특수한 장미꽃 하나를 보고 '아, 참 예쁘구나!'라고 생각한 후 "이것이 장미꽃이지. 그러니 세상 모든 장미꽃은 다 이렇게 아름답겠구나!"라고 판단한다면 이것이 반성적 판단이다. 그 과정을 살펴보면 처음엔 '예쁜 꽃'이라는 하나의 개별적 표상이 만들어진다. 그런 후에 우리의 오성은 또 이 세상에 존재하는 수많은 비슷한 개별 꽃들을 취합하여 공통적인 개념의 '장미꽃' 표상을 만든다. 한 송이의 장미에서 세상의 모든 장미로 올라가는, 다시 말해 특수에서 보편으로 올라가는 판단을 하는 것이다. 이런 판단을 반성적 판단이라고 한다.

반성적 판단이란 특수에서 보편으로 거슬러 올라가는 판단이다. 즉, 하나의 장미에서 세상의 모든 장미로 거슬러 올라가는 판단이다. 모든 미적 판단(칸트 식으로 말하면 취미판단)은 반성적 판단이다. 반면에 대상에 대한 인식은 규정적 판단이다. 논리학의 귀납법(歸納法, induction)이 반성적 판단과 유사하고 연역법(演繹法, deduction)은 규정적 판단과 비슷하다.

한편 우리의 인식적 판단 능력은 자연 개념과 자유 개념의 두 영역을 가지고 있다. 그 능력은 선천적으로 입법적이라고 칸트는 말한다. 입법적이란 법칙을 수립한다는 말이다. 인식의 두 개념 중 자연 개념은 감성적인 영역이다. 우리의 눈과 귀로 보고 듣거나 코로 냄새를 맡거나 혀로 맛볼 수 있는 경험적 세계를 대상으로 삼고 있다는 이야기다. 그리고 경험적 세계란 우리의 감각으로 경험되는 세상이라는 뜻이다. 자연 개념들에 의한 입법은 오성에 의해 수행되며 이론적이다. 이 분야를 다루는 철학은 이론 철학이다. 칸트의 『순수 이성 비판』이 바로 이 영역을 다루고 있다. 한편 자유 개념은 초감성적인 영역을 다룬다. 초감성적이란 우리의 감각을 초월하는, 다시 말해 경험적 세계를 넘어서는 영역을 말한다. 즉, 현실의 구체적 실체가 아니라 우리 머릿속에만 있는 추상적 개념이나 경험을 다룬다는 이야기다. 이성에 의해 수행되고, 이론적이 아니라 실천적이다. 칸트의 『실천이성 비판』이 바로 이 영역을 다루고 있다.

이 두 개념 사이에는 거대한 심연이 가로놓여 있어서 전자로부터 후자로 건너가는 것이 마치 서로 다른 두 세계인 양 가능하지 않다. 이 두 세계 사이에 칸트가 놓은 가교가 바로 판단력이다. 자연 개념에 대응하는 우리의 마음의 능력은 인식 능력이고, 자유 개념에 대응하는 마음의 능력은 욕구 능력이다. 그런데 그 둘을 잇는 가교로서 판단력에 대응하는 우리의 마음의 능력은 쾌·불쾌의 감정이다. 그러므로 오성과 이성 한중간에 판단력이 있고, 인식 능력과 욕구 능력 사이에 쾌의 감정이 있다. 이것이 바로 『판단력 비판』의 내용이다. 세 번째 비판서라고 해서 『제3 비판』이라는 별명을 갖고 있다.

이 판단력 안에 미의 판단이 들어 있다. 하나의 대상이 아름다운지 아닌지를 판별하기 위해 우리는 그 대상을 주관적인 쾌·불쾌 감정과 관련짓는다. 다시 말하면 인식 판단이 아니라 취미 판단을 하는 것이다. 그 판단은 논리적 판단이 아니라 미감적(aesthetic) 판단이다. 쾌·불쾌의 감정은 대상의 아무것도 나타내지 않고, 다만 주관이 자신에 대해 갖는 느낌, 또는 주관이 표상에 의해 영향 받는 방식일 뿐이다.

미를 판단하기 위해서는 무관심해야 한다

미와 숭고는 서로 모순적인 개념이다. 상상력과 표현 능력 사이에 조화가 이루어질 때 미가 발생하고, 상상이 하나의 대상을 제시(표현)하는 데 실패할 때 숭고의 감정이 일어난다. 한마디로 미의 판단의 과정을 모조리 부정하면 그때 숭고가 나타난다. 그러므로 숭고를 이해하기 위해서는 먼저 칸트의 미 개념에 대한 이해가 필수적이다.

칸트에게 있어서 미학은 취미 판단(judgement of taste)이다. 하나의 사물이 아름다운지 아닌지를 구별하기 위해 우리는 그것 자체와 관련을 맺기보다는 우리의 주관 혹은 쾌(快, plaisir)의 감정을 고려한다. 우리가 주관적으로 쾌감을 느끼고 만족하면 그 대상은 미가 되는 것이다. 취미 판단은 그러니까 인식적이거나 논리적인 판단이 아니라 미적인 판단이다. 다시 말해 주관성의 원칙을 갖고 있는 담론이다. 그런데 취미 판단을 결정짓는 만족은 무관심이다.

한 대상의 존재와 연결되는 만족을 우리는 관심이라고 부른다. 예를 들어 마켓 청과물 코너에 가득 쌓인 빨간 사과를 보고 나는 "참 맛있겠구나"라고 생각하며 그중 몇 개를 내 카트에 집어넣는다. 이때 나는 어디까지나 사과라는 사물에만 관심이 있다. 다시 말하면 그것의 존재에 관심을 갖는다. 이처럼 한 대상의 실제 존재와 연결짓는 만족을 우리는 관심(interest)이라고 부른다. 그리고 그런 만족에는 언제나 욕구 능력이 개입된다.

그러나 화가 윤병락의 쏟아질 듯 상자에 담겨 벽에 걸린 사과 그림을 보고는 그 사과가 맛이 있을지, 실제로 어딘가에 그 사과들이 있는지 일체 관심이 없다. 그림이 아름답구나, 라는 생각만 한다. 다시 말하면 그림에 그려진 사과가 실제로 존재하는지 여부에는 관심이 없고, 다만 순수 관조를 통해 내가 그것을 어떻게 평가하는지만을 알고 싶어 한다. 이때 나는 사물의 존재 자체에는 관심이 없고, 사과에 대한 미적 판단을 하고 있는 것이다. 그것이 표현된 과일일 뿐 실제로 존재하여 먹을 수 있는 과일이 아니라는 사실은 전혀 문제 되지 않는다. 그러므로 "취미는 대상의 존재에 관해 전적으로 무관심한 만족 혹은 불만족을 통하여 대상을 판단하는 능력 혹은 표상하는 방식이다. 그러한 만족의 대상을 미적인 것이라고 부른다"(『판단력 비판』§2)

이처럼 우리는 하나의 대상이 아름다운지 아닌지를 알려고 할 때 그 사물의 존재에는 관심을 갖지 말아야 한다. 내가 그림 속의 과일을 식욕이나 욕망에 관련시킨다면, 다시 말해 그 과일이 실제의 것이어서 내가 그것을 먹을 수 있기를 원한다면 그것은 더 이상 그림에 대한 미적 판단이 아니다. 미에 관한 판단에 조금이라도 '관심'이 섞여 있으면 그 판단은 편향적인 것이지, 결코 순수 취미 판단이 아니다. 순수한 취미 판단은 실제로 존재하는 사물에 대해 조금이라도 미리 호감을 갖고 있어서는 안 되며, 완전한 무관심을 견지해야 한다.

대상이 아름답다고 말하기 위해서는 그 표상이 중요한 것이지 그 대상의 존재 자체가 아니기 때문이다. 파란 사과가 그려진 세잔의 정물화에서 그림의 모델이 된 실제의 사과에 관심을 갖거나 그 사과가 먹음직하여 군침이 돈다고 생각하는 사람은 아무도 없다. 그렇게 보는 사람이 있다면 그는 이미 미적 판단이 아니라 감각적 욕망을 추구하고 있을 뿐이다. 미에 대한 판단에 있어서 극소량의 이해(利害, interest)라도 끼어들면 그것은 결코 순수 취미 판단이 아니다. 취미 판단을 위해서는 손톱만큼도 대상의 존재에 신경을 써서는 안 되고 그것에 대해 완전히 무관심(uninterested)해야 한다. 취미는 한 대상 혹은 그 표상의 양식에 대해 만족할 수도 있고 불만족할 수도 있지만 여하튼 그것에 대해 아무런 관심이 없는 판단이어야 한다.

목적 없는 합목적성

또 하나의 미의 성질은 '목적 없는 합목적성(finality without end, finalité sans fin)'이다. 이 애매모호한 말의 뜻을 이해하기 위해서는 우선 목적은 무엇이며 합목적성은 무엇인지부터 알아야 한다. 합목적성 대신 그냥 목적성이라고 생각해도 좋다. 우리가 어떤 행동을 하는 것은 특정의 목표를 이루기 위해서다. 그러니까 우리의 행동을 야기한 목표가 바로 우리의 목적이다. 수능 시험을 치르기 위한 고3 학생의 공부는 대학에 입학하기 위한 것이고, 따라서 대학 입학이 그의 공부의 목적성이다. 그러나 그것은 또 그로 하여금 공부를 하게 하는 원인이기도 하다. 그러므로 대학 입학은 그의 행동의 목적이며 동시에 그의 행동의 원인이기도 하다. 목적과 원인은 한데 수렴되고 결국 모든 목적성은 인과성(causality)과 같은 의미가 된다. 원인 없는 결과는 없으므로 우리 주변의 모든 사물이나 인간의 모든 행동에 목적성이 있다고 우리는 상정할 수 있다.

그렇다면 사물의 목적성, 즉 합목적성은 어떻게 알 수 있는가? 하나의 사물에 목적성이 있는지 없는지를 알려면 우선 거기에 외적 목적과 내적 목적이 있는지를 따져 보아야 한다. 여기 빨간 색의 예쁜 물뿌리개가 있다. 물뿌리개는 식물에 물을 주는 용도로 사용하는 도구다. 물을 채워서 기울이면 가는 물줄기들이 뿜어져 나온다. 그렇다면 물뿌리개에 외적 목적이 있다는 것은 분명하다. 외적 목적은 결국 실용성이다. 거기에 내적 목적도 있는가? 실내에 있는 화초는 물을 줘야 하는데 물뿌리개를 사용하면 병이나 컵으로 물을 주는 것보다 물을 덜 튀길 수 있어 매우 실용적이다. 물 주는 용도의 도구로는 더할 나위 없이 완벽하다. 결국 물뿌리개는 내적 목적도 달성했다. 내적 목적이란 완전성이기 때문이다. 물뿌리개는 실용적 목적에 부합하도록 이러저러하게 만들어야 한다는 완전성의 개념에 딱 들어맞으므로 이 도구는 합목적적이다. 객관적 목적에 부합하는 성질을 갖고 있다는 뜻이다.

이 도구 안에는 목적의 표상이 들어 있다. 우리의 인식 능력은 물뿌리개라는 실용성의 개념에 의거하여 판단을 내리고 이 대상을 인식한다. 이처럼 개념이 개입된 판단은 이성적, 논리적 판단이지 취미 판단이 아니다. 개념으로부터는 쾌·불쾌의 감정으로 이행할 수 없기 때문이다. 여기서 쾌의 감정은 생기지 않고 다만 물뿌리개라는 인식이 발생할 뿐이다.

이처럼 목적이 확연히 드러나는 것이 있는가 하면, 전혀 그것이 무엇인지 모를 경우도 있다. 물주전자 같은, 사람이 만든 도구는 목적이 뚜렷하지만 예쁜 튤립 꽃의 목적이 과연 무엇인지 우리는 알 수 없다. 아마도 세상을 주관하는 신이 있어 어떤 목적을 위해 튤립의 이런 모양을 만들었는지는 모르겠지만 우리로서는 그 목적을 알 길이 없다. 하지만 원인 없는 결과는 없으므로 아마도 튤립에게는 어떤 목적성이 있음에 틀림없다. 목적성이 있는 것은 분명하지만 그러나 거기에 어떤 실체적인 목적은 없다. 이것이 바로 '목적 없는 합목적성'이다. '목적 없는 목적성'이라고 해도 괜찮다. 미는 바로 이러한 목적 없는 합목적성의 형식에서 발생한다고 칸트는 말한다. 칸트의 구절을 글자 그대로 인용해 보면 "미는 목적의 표상이 없는 채 지각되는, 한 대상의 합목적성의 형식"이다.

물론 실용적인 물건에서도 실용성을 사상(捨象)해 버리고 물건 자체의 형식을 문제 삼는다면 거기서 미적 쾌감이 발생할 수도 있다.

초록색 물뿌리개나 빨간 법랑 주전자가 예뻐서 선반 위에 장식품으로 얹어 놓았다면 이때 나는 물뿌리개나 주전자를 미감적으로 판단하며 그 아름다움을 관조적으로 즐기는 것이다. 칸트는 예측도 하지 못했지만 20세기 초 뒤샹의 소변기라든가 아방가르드의 레디메이드가 모두 그러한 경우이다.

미와 숭고의 공통점과 차이점

숭고와 미는 서로 짝을 이루는 미학 개념이므로 숭고를 제대로 이해하려면 숭고와 미의 비교가 필수적이다. 미와 숭고는 둘 다 우리의 즐거움을 불러일으킨다. 한 송이의 장미꽃이나 폭풍우 몰아치는 큰 바다 앞에서 우리는 똑같이 쾌감을 느낀다. 그런데 그 쾌감의 질이 다르다.

우리가 미적 판단을 하기 위해 꼭 필요한 세 가지 마음의 능력은 상상력과 오성 그리고 이성이다. 이성(reason)은 우리가 일상생활에서 흔히 쓰는 단어이기에 그 의미가 익숙하다. 그러나 오성은 좀 더 설명이 필요하다. 오성은 영어로 understanding이지만 그 의미는 '이해'라기보다는 차라리 표상(表象=表像)에 가깝다. 표상(presentation 혹은 representation)은 '지각된 대상의 상(像)을 의식 앞에 세우기'라는 뜻이다. 지각된 대상이란 눈으로 본 것 혹은 귀로 듣거나 손으로 만진 것이라는 의미인데, 이것들을 우리의 의식 앞에 세워 놓는 기능이 표상이다. 우리의 지각 대상이 우리 눈앞에 실제로 있을 때 그것은 현전(現前, presence)이다. 그러나 그 대상이 눈앞에 있지 않고 기억에 의해 우리의 의식 속에 상으로 떠오르면 그것이 표상이다. 더 쉽게 얘기하면 지금 내 눈앞에 있는 책상은 현전이요, 멀리 떠난 여행지에서 머릿속에 떠올리는 내 서재 책상의 모습은 표상이다. 관념과 같은 뜻으로 쓰기도 한다.

칸트는 오성과 이성 사이에 판단력을 하나 더 끼워 넣었다. 미적 판단이 바로 여기에서 이루어진다. 상상력은 우리의 마음속에 이미지를 만들어 내는 능력이고, 오성은 개념을 만들어 내는 능력이다. 상상력과 오성이 일치할 때 거기서 미가 발생한다. 그러나 두 능력이 조화를 이루지 못한 채 서로 어긋나면 우리의 마음속에서는 심한 불쾌감이 일어나고 우리는 오성 대신 이성을 작동시키려 한다. 바로 이 순간에 숭고가 발생한다. 한 번의 부정(否定)과 한 번의 되돌아옴을 통해서이다. 이것이 미와 숭고의 기본적 차이이다. 좀 더 디테일하게 미와 숭고의 차이를 알아보자.

우선 미는 양보다는 질과 연관되어 있다. 한 송이의 장미꽃은 크기가 커서 아름다운 것이 아니라, 그 형태와 색깔이 우리에게 쾌감을 주기 때문에 아름답다. 하지만 거대한 선박을 집어삼킬 듯 휘몰아치는 폭풍우와 용솟음치는 파도의 광경이 우리에게 미적 감동을 주는 것은 전적으로 그 스케일이 엄청나게 크기 때문이다. 만약 그것이 금붕어를 넣는 어항 속에 축소되어 들어가 있다면 그야말로 '찻

잔 속의 태풍'이어서 아무런 감흥도 주지 못할 것이다. 그러므로 미는 질과 관련이 있고, 숭고는 양과 관계가 있다.

둘째로, 미는 형식성인 데 반해 숭고는 무형식성이다. 형식은 본질적으로 제한이다. 크기나 형태가 어느 특정의 한계를 가지고 있다는 의미다. 장미꽃은 여린 꽃잎들이 순차적으로 이리저리 포개져 특유의 장미꽃 문양을 만든다. 모든 장미는 다 그런 모양을 하고 있다. 즉, 장미는 장미라는 형식을 갖고 있다. 그것은 꽃의 중심으로부터 꽃의 끝까지 몇 센티미터 정도라는 제한이 있고, 장미 문양이라는 형태의 제한도 있다. 칸트가 미를 '목적 없는 합목적성의 형식'이라고 했을 때의 '형식'이 바로 그 형식이다. 그러나 바닷물을 한껏 끌어올리며 포효하는 파도에는 정해진 형식도 없고 크기의 제한도 없다. 형식이 없다는 것은 제한이 없다는 말이나 마찬가지다. 얼마든지 위로 더 솟아오를 수 있고, 얼마든지 다른 모양의 물기둥을 형성할 수 있다. 그러므로 미는 형식성이고, 숭고는 무형식성 혹은 몰형식성이다.

셋째로, 미는 포지티브한 쾌(기쁨)를 유발하는 반면, 숭고는 네거티브한 쾌를 유발한다. 예쁜 장미꽃 앞에서 우리는 "아, 참 예쁘다!"라고 말하며 고요한 관조 속에서 아름다움을 감상한다. 이때 생겨나는 기쁨은 마음속에 뭔가를 더해 주는 긍정적인 기쁨이다. 그러나 쓰나미처럼 무섭게 달려오는 파도는 우리가 결코 그 앞으로 다가가고 싶지 않은 무서운 광경이다. 그런데도 눈길을 뗄 수가 없고 자꾸만 바라보고 싶은 묘한 감동을 준다.

상상력과 오성이 결합하여 생기는 미적 감동은 직접적 쾌감이어서 우리의 생명력을 촉진한다. 그러나 숭고는 모든 상상력이 일단 좌절한 후, 그러니까 부정의 과정을 한번 거친 후 비로소 느끼는 간접적인 쾌감이다. 우리가 흔히 거대하고 장대한 경치 앞에서 "숨 막히는 아름다움이다"라고 말하듯, 숭고에서 우리의 생명력은 일순간 억제되었다가 곧 뒤이어 한층 더 강력하게 분출된다. 그러니까 숭고는 조용한 관조가 아니라 에너지가 분출되는, 마구 가슴 떨리는 역동적 감동이다.

네 번째로 미는 오성과 관련이 있는 반면, 숭고는 이성과 관련이 있다. 우리가 사물을 인식하는 것은 이성 아니면 오성이라는 두 가지 정신적 기능을 통해서이다. 이성은 대상을 인식하는 능력이고 오성은 대상을 판단하는 능력인데, 여기에는 상상력, 감성 등의 도움이 필요하다. 미적 판단이나 예술적인 판단을 하는 능력이 오성이고, 이때 작동되는 기능이 감성(sensibility)이다. 이렇게 해서 칸트는 미를 오성과 연관시키고, 숭고를 이성과 연관시켰다. 그러니까 숭고의 감정을 일으키는 대상은 상상력과 난폭하게 대립하고, 따라서 판단력에 대해 반목적적이며, 현시 능력에도 전혀 부적합하다. 그러나 그렇기 때문에 한층 더 강렬하고 매혹적이다.

데리다의 칸트 읽기

　칸트의 미 개념을 특유의 해체적 방식으로 읽은 데리다(Jacques Derrida, 1930~2004)의 텍스트는 우리의 숭고 이해에 많은 도움이 된다. 우리의 주제는 숭고이지만, 칸트에게서 숭고 분석은 미적 판단의 후속 작업이기 때문에 미 개념을 알아야만 숭고 개념을 더 잘 이해할 수 있다. 데리다는 칸트의 『판단력 비판』을 해체적으로 읽는 과정에서 자기 고유의 '없음'의 미학을 정립하였다.

　우선 해체(deconstruction)란 무엇인가? 데리다의 트레이드 마크와도 같은 해체는 단순하게 말하자면 소크라테스 이래 지금까지 내려오는 서유럽의 전통적 형이상학을 비판하면서 그 철학 체계를 처음부터 다시 쌓아올릴 것을 주장하는 이론이다. 그래서 해체보다는 탈구축(de-constuction)이 더 정확한 번역이라는 주장도 있다. 원래는 하이데거(Martin Heidegger, 1889~1976)의 개념이었지만 데리다가 체계적으로 사용하고 정교하게 이론화하였다. 그에 의하면 서구의 형이상학은 전통적으로 문자 언어를 폄하하고 음성 언어에 특권을 부여함으로써 폭력적인 이성 중심주의(로고스 중심주의)로 흘렀다는 것이다. 플라톤으로 거슬러 올라가는 서구 형이상학의 전통과, 소쉬르(Ferdinand deSaussure, 1857~1913)에서 시작되는 구조주의 언어학의 기초 지식이 있어야만 이해 가능한 이론이다. 데리다의 비판자들은 이 단어의 뜻이 애매모호하고 지나치게 겉멋만 부렸다고 비난하기도 한다.

자크 데리다(Jacques Derrida, 1930년 7월 15일~2004년 10월 9일)

칸트나 루소 같은 대가들의 저서를 해석할 때도 데리다는 주요 논지보다는 서문이나 주(註) 같은 주변적 요소들에 초점을 맞추기 일쑤였다. 원 저자가 매긴 개념적 등급을 완전히 해체하는 독서 방법이다. 언어는 비확정적이고 불안정하므로, 그리고 텍스트에는 수많은 가설과 생략이 숨겨져 있어 의미가 모호하므로, 저자의 정확한 의도는 오히려 그가 하찮게 생각하는 주변적 텍스트에 숨겨져 있을 수 있기 때문이라고 했다. 칸트의 텍스트에서도 그는 튤립 꽃과 무덤에서 발굴된 원시 시대의 돌연장을 비교하는 구절에 주목하여 '목적 없는 합목적성'을 설명했는데(〈그림 속의 진실〉, 1978), 이 구절도 실은 『판단력 비판』의 본문이 아니라 17절 끝 부분 주에 나오는 이야기다.

데리다의 칸트 읽기를 다시 읽어 보자.

미의 보편타당성

우리는 대상의 존재에 무관심할 때, 다시 말해 그 대상이 나에게 유용한지 어쩐지 관심이 없을 때, 그 대상 앞에서 스스로 감동하여 "참 아름답구나"라고 말한다. 이어서 "남들도 나처럼 이것을 아름답다고 생각하겠지"라고 확신한다. 칸트의 용어를 빌리면 미의 보편타당성(universal validity)이다. 보편타당성이란 누구에게나 유효하고 누구에게나 적용된다는 얘기다. 무관심이란 관심이 없다는 이야기가 아니라 이해관계가 없다는 이야기다. 이 사과 맛있겠다, 이 장미꽃 팔아 돈 벌어야지, 같은 생각이 이해(利害, interest)다. 그러나 나는 한 송이 장미꽃 앞에서 또는 세잔의 사과 그림 앞에서 아무런 개인적 욕구가 없다. 다시 말해 무관심하다.

나와 아무런 이해관계가 없으므로 그 대상은 전혀 나의 즐김(enjoyment, jouissance)의 대상이 아니다. 라캉에서 주이상스는 죽음에 이르도록 위험한 절대적 쾌락인데, 칸트와 데리다에서 주이상스는 그냥 평범한 일상적 즐김의 뜻이다. 즐김의 대상이 아닐 때 그것은 미적 판단의 대상이 된다. 장미꽃 앞에서 나는 이 꽃잎을 샐러드에 넣으면 맛있겠다고 생각하지 않는다. 그렇게 생각한다면 나는 장미꽃을 내 욕망의 대상으로 즐길(enjoy) 뿐, 그것을 미의 대상으로 간주하는 것이 아니다. 나는 또 그것을 인식의 대상으로 삼지도 않는다. 장미 나무에 대한 식물학적 개념들을 펼친다면 그것은 장미를 인식하는 것인데, 내가 "장미꽃이 예쁘네"라고 감탄하며 볼 때 나는 그것을 인식하지 않는다. 이처럼 나로부터 개념과 즐김을 앗아 가면서 나를 순수 쾌에 빠져 들게 만드는 대상, 이것이 바로 미적 대상이다.

내가 그 대상의 존재에 무관심하므로, 다시 말해 주체인 나와 아무 상관이 없으므로, 그 대상은 순수 객관성이다. 순수 객관성이므로 그것은 나에게는 완전한 타자(entirely-other)이다. 완전한 타자이기 때문에 그것은 보편성을 획득한다. 내가 남들에게 마음 놓고 그것이 아름답다고 말할 수 있고, 또 남들에게 나의 생각에 동의할 것을 요청하는 것은 그것이 나와 아무런 이해관계가 없는 물건이기 때문이다.

'스스로 즐김'과 도식

미와 숭고는 둘 다 비확정성의 개념이다. '이것이 미다', '이것이 숭고다'라고 확실하게 규정하는 법칙이 있는 게 아니라는 얘기다. 그 둘은 우리의 '만족'을 생산한다. 미는 오성 속에서, 그리고 숭고는 이성 속에서이다. 그런데 칸트가 Wohlgefallen이라고 쓴 만족은 그냥 '충분하다'라는 의미의 평범한 뜻이 아니다. 그래서 데리다는 이 것을 '~ 안에서-스스로 즐김(pleasing-oneself-in ~)'으로 고쳐 부르기를 제안한다. 내가 바라보는 대상이 충분히 만족스러워서 내가 만족하는 게 아니라 '내 스스로가 그 대상 안에서 자족하며 즐긴다'라는 의미다. 장미꽃이 나에게 만족을 주어서라기보다 내가 스스로 장미꽃에 푹 빠져 고요히 즐기는 것이다. '스스로 즐김'은 미의 경우 질(質)과 연결되어 있고, 숭고의 경우는 양(量)과 연관이 있다. 미는 고요하게 즐기고, 숭고는 강렬하게 즐긴다. 미는 우리의 자세를 관조적으로 만들어 주는데, 숭고는 감각을 마구 뒤흔들어 놓는다.

그런데 칸트는 미적 쾌감을 포지티브한 쾌, 숭고의 쾌감을 네거티브한 쾌로 부른다. 무슨 의미인가? "꽃이 참 예쁘다"라고 하는 미적 체험은 생명을 진작시킨다. 그러나 숭고의 감정은 일단은 생명의 분출을 금지하고 정지시켜 우리의 생명력을 억제한다. 그러나 이렇게 억눌렸던 생명력은 다음 순간 갑작스럽게 유출되며 더욱더 강력하게 분출된다. 미적 감정은 자유롭게 유희하는 상상의 힘에 쉽게 직접적으로 매혹되지만 숭고의 감정은 일단 한번 억눌렸다가 다시 돌아온다. 그래서 미적 쾌감이 직접적 쾌감이라면 숭고의 쾌감은 간접적 쾌감이다. 여기서 도식(圖式, schema)이 댐의 역할을 한다고 데리다는 말한다.

도식이란 표상을 통해 개념을 알기 쉽게 직관적으로 실현하는 방식이다. 개념이나 이념은 보편성과 추상성이어서 우리는 그것들을 직관적으로 이해하기가 매우 어렵다. 1년 전에 비해 물가가 얼마나 올랐는지 우리는 감을 잡을 수 없지만 그것을 그래프로 보여 주면 즉각 이해가 간다. 우리의 인지 능력은 손으로 만질 수 있는 구체적인 사물이 눈앞에 나타나야만 쉽게 작동이 된다. 소위 감성적 체험 혹은 경험적 체험이다. 이처럼 추상적 사물에 구체성을 부여하는 것이 도식이다.

도식은 수치(數値)나 그래프 또는 그림이지만 언어적 표상이기도 하다. 예를 들어 우리가 일반적으로 어떤 생물체를 개(dog)라는 개념 아래 인식하고 그 이미지를 머릿속에 떠올릴 수 있는 것은 개에 대한 다음과 같은 표상 덕분이다. 즉, "개는 중형 동물로 지구상에 가장 널리 분포하며 가장 개체 수가 많은 지상 동물이다. 회색늑대로부터 가축화했는데, 개와 회색늑대가 종 분화된 것은 대략 10만 년 전으로 추정된다…." 이런 언어적 표상이 개의 개념을 보여 주는 도식이다. 이런 설명문이 없었다면 우리는 개에 부합하는 네 발 달린 짐승을 인식하거나 상상할 수 없었을 것이고, 그것을 그림으로 그릴 수도 없었을 것이다.

도식을 산출하는 것은 상상력이다. 구상력이라고도 번역하는 상상력은 '상(像)을 만들어내는 능력'이다. 우리가 대상을 인식하고 판단하기 위해서는 감성과 오성이 필요하다. 다시 말하면 감각적으로 대상을 지각한 후 그것에 대한 개념을 형성해야 한다. 그런데 두 능력은 완전히 이질적이고 독립적이어서 상호 적용이 불가능하다. 그 둘이 서로 협업을 할 수 있기 위해서는 반드시 매개가 필요하다. 그 매개 역할을 하는 것이 상상력이다. 상상력은 결국 도식을 만들어 내는 기능이다.

우리가 하나의 대상에 대해 어떤 판단을 내리는 것은 상상력이 도식을 산출함으로써 오성과 감성의 교량 역할을 할 때이다. 도식을 통해 두 기능을 조정하는 상상력은 개념(형식)과 직관(내용)의 매개를 가능하게 하는 능력이다. "내용 없는 형식은 공허하고, 개념 없는 직관은 맹목"이라는 칸트의 유명한 말이 여기서 나왔다. 감성적 소여(所與)가 없는 형해(形骸)의 개념은 공허하지만, 그렇다고 단단한 개념의 구조에 의해 떠받쳐지지 않는 감성적 소여란 맹목적이어서 아무 가치가 없다는 이야기다.

좀 더 자세히 들여다보면 도식은 상징과 대비된다. 도식은 증거를 제시하는 직접적 기술(記述)이고, 상징은 유비(類比, analogy)를 수단으로 하는 간접적 기술이다. 예를 들어 경제 발전의 추이를 보여 주기 위해 도표 같은 것을 사용하거나 통화량 등의 수치를 제시하면 그것은 도식이고, 젊은이들이 명품 매장 앞에 줄 서는 현상을 묘사하거나 사진으로 보여 주었다면 그 서술이나 사진은 상징이다.

그럼 칸트의 숭고 이론에서는 어느 부분이 도식일까? 쓰나미 같은 거대한 파도나 깎아지른 듯 높은 암벽의 예는 그 자체로 숭고함의 도식이다. 인간의 마음이 느끼는 '숭고'라는 감정이 있는데, 그 감정을 직관적으로 보여 주기 위해 파도나 암벽을 제시한 것이기 때문이다. 데리다는 이 도식들이 수갑(水閘) 혹은 수문(水門)의 역할을 한다고 했다. 수문이 흐름을 차단하고 금지해 물이 붇게 하는 동안 물의 이동은 엄격하게 막히고 협착(狹窄)은 완벽하며 수위는 최고도에 이른다. 수문이 받는 최고의 압력은 오로지 한순간, 눈 깜짝하는 순간에만 지속된다. 그 한순간이 지나면 잔뜩 불어난 물은 경계를 공격한다. 마침내 댐이 무너지고 홍수가 시작된다. 농담하거나 유희하거나 쾌감을 느낄 겨를이 없고, 유혹의 '매력'에 머물러 있을 여유도 없다. 그냥 정신없이 휩쓸려 들어가는 격렬한 체험이다. 이것이 숭고다. 자연적 숭고 개념을 보여 주기 위한, 이보다 더 직관적인 기술이 있을 수 있을까?

심연과 대양

쾌감은 글자 그대로 매력과 연결된다. 매력이란 강하게 끌어당긴다는 의미다. 그런데 끌어당기는 힘은 포지티브하면서 동시에 네거티브한 이중의 의미를 가지고 있다. 마음은 단순히 어떤 대상에게 이끌리기만 하는 것이 아니라 그것을 강력하게 거부하기도 하기 때문이다. 『판단력 비판』에서 '역(逆) 혹은 반(反)폭력'이라는 제목의 27절은 끌림과 거부가 동시에 일어나는 감정에 대해 말하고 있다. 빠른 변환에 따른 충격, 떨림, 흔들림 같은 마음의 상태는 동일한 대상에 대한 끌림이며 동시에 거부, 즉 이중의 구속이다. 그렇다면 숭고의 '그 안에서-스스로-즐김(pleasing-oneself-in)'은 포지티브한 쾌감이 아니라 네거티브한 쾌감이다. 숭고의 공간에는 더 이상 유희가 없고 다만 진지함만 있다. 유희를 중단시키고 진지함으로 고양되어, 쾌감이라기보다는 거의 경탄 혹은 존경이다. 그것은 우리의 표상 능력과 일치하지 않으며 부적절하고 적합성이 없다. 그것은 그래서 더욱더 숭고하다. 숭고의 척도는 잴 수 없는 척도이고, 폭력적인 계산 불가능성이다.

그런 점에서 숭고의 '스스로 즐김'은 도덕적 법칙과 관련이 있다. 도덕성이야말로 감각에 가해지는 폭력을 전제로 하지 않는가. 그러나 여기서 폭력을 행사하는 것은 이성이 아니라 상상력이다. 상상력은 이 폭력을 자신에게 돌려 자신을 절단하고 옭아매고, 희생시키고, 감추고, 균열시키고, 마침내 자신을 강탈한다.

이것이 데리다가 칸트의 미학에 희생의 개념을 적용한 근거이다. 그러나 절단하고 희생시키는 이 폭력은 계산 안에서의 몰수다. 뒤이어 교환이 일어난다. 나의 마음은 상상이 상실한 것만큼 획득한다. 상상은 스스로의 자유를 훔치고, 실증적 사용의 법이 아닌 다른 법에 의해 스스로 다스려지도록 내버려 둔다. 실증적 사용이란 상상력을 목적의 관점에서 결정하는 것이다. 이 폭력적인 포기에 의해 상상력은 밖으로 뻗어 나가고 힘을 얻는다. 이 힘은 자신이 희생시켰던 것보다 더 크다. 이것이 숭고다.

여기에 과도함, 과잉, 지나친 풍성함의 거대한 심연이 있다. 상상력은 이 심연 안에서 자신을 상실할까 두려워하고 있다. 그리고 우리는 뒤로 물러선다. 심연은 숭고의 성질을 가장 잘 보여 주는 적절한 예다. 칸트는 다리(교량)의 개념을 즐겨 사용했는데, 심연 또한 다리의 개념만큼이나 건축적이다. 대양(大洋)의 예가 『판단력 비판』의 '반성적 미적 판단의 총론' 마지막 부분에 괜히 나온 게 아니다. 데리다는 이 대양이 목적론적 판단의 대상으로서의 대양이 아니라 시인들의 대양이라고 말한다. 스펙터클한 대양, 고요할 때면 하늘의 경계선에서 투명한 '물의 거울'이 되는 대양, 자유분방할 때면 모든 것을 삼켜 버릴 듯 위협하는 대양이라는 것이다. 이 장관이 숭고다. "감각을 거스름으로써 쾌감을 주는 것이 바로 숭고다."

미도 숭고도 똑같이 관심과는 상관이 없는데, 다만 숭고의 체험은 '반(反)'관심(counter-interest)이고 미적 체험은 '무'관심(without interest)이다.

목적이 없을 때 아름답다

한 송이의 튤립은 아름답다는 점에서 그 무엇으로도 대체될 수 없고, 한 송이 그 자체로 아름답다. 내가 바라보는 이 꽃이 어떤 부류에 속했기 때문에, 또는 완벽한 진짜 튤립의 어떤 개념과 부합하기 때문에 아름다운 것이 아니다. 오로지 이 한 송이 튤립만이 아름답다. 아름다운 이것(it, ceci)은 그러니까 그 자체로 아름답다. 그 독자성 속에서 고유하게 아름답다. 아름다움은 단 한 번만 아름다운 것이다. 비록 그것에 대한 판단이 그것을 사후적으로 분류하고 일반적 개념의 객관성 속에 그것을 집어넣는다 하더라도 말이다. 전체가 있을 필요도 없고, 자기가 속한 부류가 필요하지도 않다. 아름다운 한 송이의 튤립은 다른 것으로 대체 불가능하다.

그런데 이 튤립은 왜 아름다운가? 목적이 없기 때문이다, 라는 게 칸트의 생각이다. 하지만 세상에 원인 없는 결과는 없으므로 이 꽃에도 아마 틀림없이 어떤 목적이 있을 것이다. 꽃이라는 형식은 하나의 목적을 위해 마련된 형태일 것이다. 그런데 우리는 이 꽃이 지향하는 목적의 끄트머리, 즉 말단(末端)을 볼 수 없다. 볼 수 없을 뿐만 아니라 알 수도 없다. 그것은 결핍되어 있다. 이 말단의 절대적 결핍이 아름다움의 감정을 만들어 준다.

그러니까 목적으로부터 순수하게 단절되었을 때 하나의 대상은 완벽하게 아름답다. 야생 튤립이야말로 이 목적 없는 합목적성, 즉 쓸모없고, 목표 없고, 무상(無償)이고, 용도 없는 유기체의 좋은 예이다. 거기엔 아무런 목적도 개념도 없다. 무상이란 '공짜'라는 의미다. 값을 지불하지 않는 공짜 물건을 우리는 귀중하게 생각하지 않는다. 아무런 목적 없는 대상이 귀하게 보일 리도 없다. 무상이라는 말은 '가치 없음'이라는 뜻이다. 그러나 그 '가치'라는 것은 실용적인 가치를 뜻한다. 결국 모든 실용적 목적에서 멀리 떨어져 있는 것이 미라는 이야기다.

꽃은 목표에서 절단되어 있다. 그렇기는 해도 꽃 안의 모든 것은 끝을 향해 팽팽히 당겨져 있다. 그렇지 않고서는 이렇게 단단하고 절제된 형태를 유지할 수 없을 것이다. 목표를 향해 가고 있으나 한 중간에서 단칼에 베여 버린 것 같은 이 절단, 다시 말해 순수 절단(pure cut)이 대상을 아름답게 하고 미의 감정을 생산한다. 깨끗하게 잘려 있지 않고 비록 잠재적으로나마 연장되고 완성되고 보충된다면, 즉 목적에 한없이 미련을 갖고 있는 듯이 보인다면, 거기에 미는 없다. 방향이 정해져 있고, 목적이 있고, 하나의 목적을 위한 조화로운 형태가 부여되어 있으나 그 목표는 결코 보이지 않는 운동성일 때, 그것이 바로 '목적 없는 합목적성'이다. 이러한 목적 없는 합목적성의 형식이 아름답다.

목적은 있지만 목적성이 없다는 말을, 산책을 예로 들어서 보자. 산책길에 나선 나는 분명 어떤 방향을 향해 그쪽으로 천천히 걸어가고 있다. 일단 그쪽을 목적으로 삼은 것이다. 그러나 그 끝의 어떤 특정 지점이 나의 목적은 아니다. 내가 목적으로 삼기는 했으나 내가 진정 그곳을 가야겠다는 목적성은 없기 때문이다. 정처 없는 불확정의 방황(wandering)이다. 정해진 방향이 있기는 하나, 차라리 스스로를 거기서부터 단절시키는 것이다. 그러므로 절대적 단절이다. 나는 결코 목적지에 도착하지 못한다. 왜냐하면 아예 목적이 없으므로. 이때 나의 산책은 목적 없는 합목적성이 될 것이다.

목적과 말단은 같은 뜻은 아니라 해도 유사하다. 목적은 운동성의 끝이고, 방향성의 말단이며, 의미의 끝 혹은 끝의 의미이기 때문이다. 그런데 꽃의 목표는 전혀 보이지 않는다. 결핍된 말단 혹은 텅빈 목표다. 이처럼 목적의 표상이 없는 대상이 아름답다. 결국 미의 기원은 '목적 없음'이다. 이것이 칸트가 미를 정의한 그 유명한 문구 '목적 없는 합목적성'이다. 미는 목적 없음에서 발생한다는 것이 칸트 미학의 핵심이다.

자유미와 부용미

목적이 없어 아름다운 꽃은 '무관심의 쾌감'을 야기한다. 일종의 유혹 없는 매력, 욕망 없는 매혹이다. "저 꽃을 샐러드에 넣으면 맛있겠다"라는 욕망이 전혀 들어 있지 않는 평온한 관조 상태의 매력이다. 우리가 꽃이 아름답다고 판단할 경우 우리는 그 꽃 안에 목적의 개념이 실현되어 있다고 생각하지 않는다. 이때 우리는 이런 꽃의 미를 자유롭다고 하고, 우리의 이런 판단을 순수하다고 한다. 자유롭다는 것은 목적에서 자유롭다는 것이고, 결국 개념에서 자유롭다는 이야기다. 예를 들어 식물학자에게 '꽃'은 그저 식물의 생식 기관일 뿐이다. 그는 개념에 의거하여 꽃이라는 대상을 인식하고 있는 것이다. 그의 앞에 놓인 꽃은 그러니까 미적 대상이 아니라 인식의 대상이다. 그러나 식물학자라도 꽃에 대해 학술적 개념을 떠올리지 않고 그냥 '꽃이 참 예쁘구나'라고 생각했다면 그는 꽃을 인식하는 게 아니라 판단하고 있는 것이며, 그것도 미적 판단을 하는 것이다. 이때 그가 느끼는 미가 바로 모든 개념에서 자유로운 자유미이다. 꽃은 자유롭고 막연하기 때문에, 다시 말해 독립적이기 때문에 아름답다.

독립적이란 목적에서 자유롭고, 모든 결정에서 자유롭고, 모든 종속적 점착(粘着)에서 자유롭다는 의미다. 한마디로 사물의 목적을 결정하는 모든 개념에서 자유롭다. 그러니까 초연함이다. 튤립은 목적으로부터 절대적으로 단절되었기 때문에 그 자체로 독립적이고 완전하다. 완전하다 함은 독립적이라는 말이다. 독립적인 것은 완전하다. 하나의 사물은 부족한 것이 없을 때 독립적이며, 아무것도 부족한 것이 없으므로 그것은 완전하다.

튤립에는 아무것도 부족한 것이 없다. 부족한 것이 없으므로 그것은 완전하다. 그러므로 튤립은 완전성이다. 그런데 부족함이 없다는 것은 목적이 없다는 것이다. 목적이 결핍되어 있다. 그런데 결핍이란 곧 불완전성이다. 그러므로 튤립은 절대적 불완전성이다. 이 무슨 모순인가? 목적이 없어 완전했는데, 동시에 목적이 결핍되어 있어서 불완전하다니. 이 모순적인 상황이 튤립을 순수하고 아름답게 만든다. 튤립은 우리의 지각 속에서는 합목적성을 띠지만 우리의 판단 속에서는 아무런 목적도 나타내지 않고 있다.

꽃에는 목적이 없으므로 일단 그것은 불완전하다. 반면에 주전자나 물뿌리개 같은 도구들은 확실하게 목적이 있으므로 그것들은 완전하다. 그리고 보니 불완전한 것이 아름답고 완전한 것이 아름답지 않다는 결론이 나온다. 그러나 불완전한 것도 아름다울 수 있는데, 그 아름다움이 바로 부용미(附庸美)다.

그래서 칸트는 야생의 튤립은 자유미이고, 무덤에서 발굴된 원시시대 돌도끼는 부용미라고 했다. 무덤에서 발굴된 석기 시대의 돌 연장에 구멍이 하나 뚫려 있다. 아마도 손잡이를 끼워 넣기 위한 것으로 생각된다. 그렇다면 이것은 어떤 목적에 부합하는 도구라는 것을 알 수 있다. 그러나 그 목적이 무엇인지 우리는 알 수 없다. 목적을 알 수 없으므로 그 연장은 목적 없는 합목적성의 형식이다. 칸트에서 목적 없는 합목적성은 미의 기본이다. 그러나 이것이 목적 없는 합목적성을 갖고 있다고 해서 우리는 이 돌 연장을 보고 아름답다고 하지는 않는다. 우리가 이것을 어떤 기술적인 생산물로 간주한다는 것 자체가 이 형태 안에 어떤 목표 혹은 목적이 있음을 상정하는 것이기 때문이다. 그러니까 이것은 목적이 있는 것이다. 칸트에 의하면 자유롭고 독립적인 것이 아름다울 뿐, 종속적이고 자유롭지 않은 것은 아름답지 않다. 아름답다 해도 그것은 순수 자유미가 아니라 순수하지 않은 부용미이다.

그 석기는 손잡이가 없어서 불완전해 보이지만 그것은 완벽성의 개념에 연결되어 있다. 다만 잠정적으로 지금 손잡이가 빠져 있어서 불완전하게 보일 뿐이다. 그러므로 불완전한 모습이기는 하지만 그것은 자기 완벽성의 개념으로 포착된다. 따라서 거기에 미가 있다면 그것은 부용미이다. 어떤 목적에 유착되어 있는 아름다움이기 때문이다. 튤립은 자기 이외의 다른 목적이 없이 스스로 완전하기 때문에 불완전했는데, 구멍 뚫린 도구는 목적을 향해 불완전한 상태이기 때문에 완전하다.

이제 자유미와 부용미를 설명해 보자. 영어로 free beauty와 dependent beauty로 번역되는 자유미와 부용미를 칸트는 풀크리투도 바가(pulchritudo vaga)와 풀크리투도 아드하이렌스(pulchritudo adhaerens)라는 라틴어로 표기했다. 이것을 번역한 부용미의 부용(附庸)은 '남의 힘에 의지하여 독립하지 못함'이다.

vaga(영어 vague)는 '막연한'이라는 뜻이다. 결정된 바 없고, 목표 없고, 목적 없고, 종착 없고, 한계 없는 불확정성을 의미한다. 그것이 자유와 등가적으로 쓰인 이유는 자유가 모든 고착, 모든 결정에서 자유스럽다는 의미이기 때문이다. 자유미는 그 어떤 개념도 전제로 하지 않으며 그 어떤 목적에도 고착되어 있지 않다.

아드하이렌스(영어 adherent)는 '들러붙는', '점착하는'이라는 뜻이다. 하나의 대상이 그 자신의 목표에 점착해 있다는 이야기다. 확정된 목표를 갖고 있고, 그 목표에 종속되어 있으며, 결국 독립적이지 않다는 뜻이다.

똑같이 아름다워도 목적에서 자유스러우면 자유미, 목적의 개념에 고착되어 있으면 부용미다. 고대 서양 건축의 열주(列柱) 같은 것이 부용미의 예다. 아름답기는 하지만 목적에 종속되어 있기 때문에 그것은 순수한 자유미가 아니라 부용미이다. 교회와 같은 건축물도 마찬가지다. 아름답다고 경탄하며 바라보지만 그 건축 안에는 특유의 목적이 구현되어 있다. 이런 대상에 대한 우리의 판단에는 단순한 만족이나 즐거움이 아니라 개념적인 요소가 내포되어 있다. 이때 그 건축의 미를 부용미라 하고, 개념이 개입되어 있다는 점에서 순수하지 않다고 한다. 자유미는 한 사물이 '이러이러해야 한다'라는 그 어떤 개념도 전제로 하지 않지만 부용미는 이처럼 하나의 개념을 전제로 한다. 그리고 개념은 결국 목적과 동의어이이다. 물주전자의 목적은 물을 끓이기 위한 것이고, 동시에 그 개념은 물을 끓이기 위한 철제 용기이다.

자유미에는 꽃과 같은 자연의 자유미, 예술 작품과 같은 인공의 자유미가 있다. 그 어떤 것이든 아름다움은 목적 없는 합목적성이다. 목적에서 단절되어 있는 순수한 미, 다시 말해 아무것도 의미하지 않고 아무것도 표상하지 않으며 그 자체로 아름다운 것이 우리를 감동시킨다. 예술에서는 다른 아무것에도 봉사하지 않으며 오로지 자신에 의해서 그리고 자신을 위해서만 아름다운 그런 예술 작품이 자유미다. 예를 들어 양피지 성서의 가두리를 장식한 당초문(唐草紋)이나 음악의 즉흥곡 같은 것이다. 그것들에는 자유스럽고 막연한 순수미가 있다.

자유미의 아름다움은 다른 것으로 대체될 수 없는 특정의 '이것' 또 혹은 '저것'만의 아름다움이다. 다시 말해 모든 개체가 하나하나 다 아름답다. 그러나 부용미의 아름다움은 한 개념에 종속되어 있으므로 특정 목적의 개념 속에 있는 모든 사물들이 다 아름답다. 모든 것이 다 아름다우므로 동시에 그것은 다른 것과 얼마든지 대체가 가능하다.

순수 커트(cut)의 아름다움

야생 튤립은 목표에서 절단된 채 그 안의 모든 것이 끝을 향해 팽팽히 당겨져 있기 때문에 아름답다. 목적을 향해 팽팽히 긴장하고 있지만 끝까지 가지는 않고 한중간에서 잘려 버린 형식이다. 이 절대적 개입, 이 단칼의 절단만이 미의 감정을 생산한다. 이 절단이 순수하지 않으면, 다시 말해 깨끗하게 잘리지 않은 채 잠재적으로나마 연장되고 완성되고 보충된다면 거기에 미는 없다.

옛 무덤에서 나온 석기 시대 돌 연장이 아름답지 않았던 것은 이 도구가 그 말단으로부터 완전히 절단되어 있지 않았기 때문이다. 언제든 목적을 향해 그것을 연장시킬 수 있고, 잠재적으로 그것을 보충할 수도 있으며, 구멍 안에 손잡이를 다시 채워 넣고 고정시켜 목적을 다시 복원할 수도 있다. 이 도구가 아름답지 않은 것은 그것이 목적으로부터 완전히 절단되지 않았기 때문이다. 도구는 목적에 아직도 유착(癒着)되어 있다. 목적으로부터 깨끗이 절단된 것이 아니라 아직도 끈적끈적하게 부분적으로나마 거기에 달라붙어 있다. 분리된 끄트머리와 합목적성의 유기체 사이에, 그리고 목적과 합목적성의 형식 사이에 유착이 있는 것이다. 그것이 잠재적이건 상징적이건 유착이 있는 한, 그리하여 순수 절단이 없는 한 거기에 미는 없다. 적어도 순수미는 없다.

예술 작품도 아무것도 보여 주지 않고, 아무것도 재현하지 않으며 일체의 주제와 텍스트가 제거되었을 때 아름답다. 그런데 여기서 중요한 것이 '없음'이다. 주제-없음, 텍스트-없음에서 핵심적 요소는 주제나 텍스트가 아니라 바로 '없음'이다. 모든 미는 다름 아닌 이 '없음'의 순수 절단에서 발생한다. 당초문이나 순수 음악의 즉흥곡은 일단 어떤 목적을 향해 팽팽히 당겨져 있다. 그러나 이 긴장, 이 운동성은 깨끗하게 단칼에 잘려져 있다. 목적과의 모든 유착이 미련 없이 절단된 것이다. 그러므로 미의 근원은 '없음' 즉 목적의 비-현전이다. '목적 없는 합목적성'이라는 칸트의 중성적인 문구에서 데리다는 '없음'이라는 부분에 예리한 칼을 들이 대어 세밀하게 잘라 내었다. 칸트의 '목적 없는(sans fin)'에서 데리다는 순수하게 '없는(sans)'을 강조하여 자기 방식의 '없음'의 미학을 세웠다.

그가 미와의 초상적(初喪的)인 관계(죽음의 관계)라고 규정한 것이 바로 이것이다. 아름다운 대상을 보았을 때 느끼는 순수하고 무관심한 쾌락은 대상의 존재만이 아니라 주체의 존재까지도 비-존재로 만든다. 다시 말하면 죽게 만드는 것이다. 칸트는 쾌(plaisir, Wohlgefallen)를 즐김(jouissance, Genuss)과 구별했다. 라캉은 주이상스를 위험하고도 절대적인 쾌락으로 상정했지만 칸트와 데리다는 이 단어를 긍정적으로 사용하여 바람직한 미의 전형으로 삼는다. 아름다운 대상을 볼 때 나는 즐겁지만, 만족감이 없고 관심이 없다. 그러니까 미적 판단의 대상은 즐김의 대상이지 만족감의 대상이 아니다. 만족이란 이미 나의 사적 욕구가 개입되어 있는 것이고, 그것은 이미 무관심한 미가 아니기 때문이다. 이때 무관심은 대상에 대한 무관심이기도 하지만 존재하는 나, 즐기는 나로서의 주체에도 역시 적용되는 무관심이다.

존재하는 어떤 것에 대해서가 아니라 존재하지 않는 어떤 것에 대해, 그것이 존재하지 않는 한에 있어서만 아름다운 어떤 것을 즐기고 있는 나도 또한 존재하지 않아야 완벽한 미가 발생한다. 그 순간의 나에게는 대상의 존재도, 나의 존재도, 그 어떤 관심도, 아무것도 남아 있지 않다. 나에게 아무런 관심을 불러일으키지 않는, 아니, 내가 관심을 갖건 않건 아무 상관이 없는 어떤 것에 대해 나는 기쁨을 느낀다. 극단적으로 밀고 가면 나는 나에게 주어지는 이 기쁨, 아니, 오히려 그것에 나를 바치는 그 기쁨을 느끼지조차 않는다. 왜냐하면 느낀다는 것은 이미 현상학적으로 경험적으로 공간과 시간 안에서 관심을 가진 존재로서 나의 존재를 감지하는 것이기 때문이다. 내가 그것을 취하지도, 받지도, 주지도, 되돌리지도 않는, 도저히 경험이 불가능한 쾌감, 이것이 바로 미와 맺는 초상적 관계이다.

'없음'의 미학

튤립은 유착 없는 절단의 경계선 위에 있기 때문에 아름답다. 튤립에게는 합목적성이 있지만 목적으로부터는 단절돼 있다. 이 모순적인 두 상태의 경계선 위에 있을 때만 튤립은 아름답다. 그러고 보면 칸트에게서는 합목적성 하나만으로는 아름답지 않다. 목적의 부재만으로도 아름답지 않았다. 아름다움은 오로지 '목적-없는-합목적성'일 때에만 발생한다. 그러므로 미에 중요한 것은 합목적성도 아니고, 목적도 아니고, 그 둘 사이를 이어 주는 '-없는-'이다. 데리다가 말하는 '없음'은 프랑스어로 sans이라는 전치사이다. 영어로는 without이다. 하나의 대상이 아름다우려면 단순히 목적의 결핍만이 중요한 게 아니라 이 '없음'이 중요하다. 순수 절단의 경계 위에서의 '없음', 혹은 목적-없는-합목적성의 '없음'이다.

단순히 목적의 부재 혹은 현전만이 내게 아름다움의 체험을 주지는 않는다. 없음의 흔적이 있어야만 하나의 대상은 아름답다. 없음이야말로 미의 기원이다. 그 부재의 흔적만이 내게 미를 체험하게 해 준다. 없음 또는 목적-없음의 방식으로 대상 안에 떠오르는 부재의 흔적에서 나는 미를 느낀다. 이 없음의 경계선은 어떤 지각에도 잡히지 않는다. 그러나 그 비가시성에서 우리는 충만한 전체성을 감지한다. 그러고 보면 미는 결코 우리 눈에 보이지 않는 것이다. 없음은 전체성 안에도 없고 밖에도 없다. 없음은 가시적인 것이 아니고 감각이나 지각의 대상도 아니다. 보이지도 않고 느껴지지도 않으며 만져지지도 않는다. 그것은 존재하지 않는다. 그러나 '그것은 있다'. 그리고 바로 그것이 아름다움이다. 그것이 아름다움을 준다.

예를 들어 당초문 패턴의 문양이 아름다운 것은 그것이 잎사귀들을 그려 놓았지만 특정의 어느 잎사귀를 재현하지 않았기 때문이다. 그것들은 목적성의 형식을 갖고 있으나 목적은 없다. 문학 작품에서도 주제-없음, 텍스트-없음이 아름답게 느껴진다면 그건 바로 이 순수 절단의 없음 덕분이다.

데리다는 없음을 뜻하는 프랑스어 sans의 발음이 피(血)를 뜻하는 sang과 같다는 것(둘 다 '쌍'이다)을 상기시키며 암묵적으로 미를 죽음의 충동과 연결시킨다. 칸트가 튤립을 예로 들 때, 그것이 무덤 위에 피어 있는 꽃인 듯 암시했다는 사실을 은근히 자기 논점의 근거로 삼으면서, 그는 이렇게 말한다.

> 아름다운 꽃은 이런 의미에서 항상 절대적으로 죄가 있고, 완벽하게 절단되고, 그리하여 절대적으로 용서 받은 결백한 꽃이다. 아무런 빛이 없고, 법도 없다. 아니, 법이 없는 것이 아니라 개념 없는 법을 가지고 있다. 개념이란 항상 유착의 구실을 제공하기 때문이다. 적어도 개념은 절단된 부분을 다시 봉합하거나 바느질하는 법을 가르쳐 주기 때문이다.

『회화 속의 진실』에 나오는 한 구절이다. 매우 독특한 방식으로 칸트를 읽고 해체적 글쓰기를 시도한 데리다의 텍스트는 그대로 한 편의 아름다운 문학 작품이다.

미는 나의 밖에 있지만 숭고는 내 안에 있다

미는 제한적이고 숭고는 무제한적이다. 따라서 미는 형식적이고 숭고는 몰형식적이다. 결국 숭고는 형식이 제한되어 있는 자연 혹은 인위적 대상이 아니다. 그렇다고 해서 숭고가 무작정 무한한 것은 아니다. 폭풍우 몰아치는 바다에 높이 치솟는 파도는 무한정 높이 올라가는 것이 아니고 얼마큼 올라갔다가는 아래로 떨어지게 마련이다. 숭고는 다만 한정적인 것 안에서 무한정을 난폭하게 한정 짓고 그 한정을 부적절하게 표상하고 있을 뿐이다. 부적합, 과도함, 측정 불가 등이 제시되고, 또 스스로 부적합 그 자체로 우뚝 선다.

표상이란 원래 이성에는 부적합하다. 그것은 모든 적합한 표상을 거부한다. 그렇다면 이 표상 불가의 것이 어떻게 스스로를 표상할 수 있는가? 부적합 속에서 제시하면 된다. 이성이 표상에 부적합하다는 것을 표상을 통해 표상한다는 말이다. 말로 표현할 수 없는 것을 표현하기 위해 "이것은 도저히 말로 표현할 수 없어"라는 표현을 사용하는 식이다. 어쩌면 이성은 부적합에 최적화한 것이 아닐까 싶다. 이것이 숭고다. 숭고는 그 어떤 감각적 형식 안에도 없다. 자연의 감각적 질서에 속해 있지 않고, 자연 일반에 속한 것도 아니다.

그래서 아름다운 자연물은 있을 수 있지만 숭고한 자연물은 있을 수 없다. 진짜 숭고, 진정한 의미에서의 숭고는 오로지 이성의 관념하고만 관계가 있다. 이성적 존재인 우리는 숭고를 자연에 투사하지만 숭고는 어디까지나 주체의 마음에 속해 있다. 미의 원칙과는 달리 숭고의 원칙은 우리 자신 안에 있는 것이다.

숭고의 '스스로 즐김'은 미적 판단의 성질인 유희를 중단시키고, 우리의 마음을 진지함으로 고양시킨다. 그런 점에서 그것은 도덕적 법칙과 관련이 있다. 도덕성이란 본질적으로 감각에 가해지는 이성의 폭력이다. 그러나 여기서 폭력은 이성이 아니라 상상력에 의해 행사된다. 상상력은 이 폭력을 자신에게 돌린다. 자신을 절단하고 자신을 옭아매고, 자신을 희생시키고, 자신을 감추고, 자신을 균열시키고, 자신을 강탈한다.

이것이 『판단력 비판』에 나오는 희생의 개념이다. 그러나 절단하고 희생시키는 폭력은 지극히 계산적이다. 뒤이어 교환이 일어난다. 상상은 자기가 상실한 만큼 획득한다. 스스로의 자유를 훔치고, 실증적 사용의 법이 아닌 다른 법을 따른다. 이 폭력적인 포기에 의해 상상력은 외연과 힘을 얻는다. 이 힘은 자신이 먼저 희생시킨 것보다 훨씬 더 크다.

숭고는 자연이 아니라 우리 속에 있는 것이므로 숭고에 대한 분석은 미적 판단과는 다른 것이며 동시에 미적 판단의 추가 사항일 수밖에 없다. 이것이 매우 필수적이고 기본적인 사항이라고 칸트는

'숭고의 분석' 시작 부분에서 말했다. 이로써 그는 숭고의 관념을 자연의 합목적성의 관념으로부터 분리시켰다. 동시에 숭고 이론을 자연적 합목적성에 대한 심미 판단의 부가물로 만들었다. 숭고는 예술보다는 자연에 의해 더 잘 표상되지만, 그것은 자연 안에 있는 것이 아니라 투사되어 우리 자신 안에 있다.

현대의 숭고

미학의 역사를 돌이켜 보면 숭고 미학은 3세기 롱기누스의 수사학 교본에서 처음으로 언급되었다. 그 후 내내 잊혔다가 17세기 부알로에 의해 되살아났다. 그리고 18세기 버크, 칸트의 이론과 함께 낭만주의 사조를 만들어 냈다. 낭만주의 시대에 숭고는 자연의 야생 및 광활함, 그리고 카오스의 감각을 일으키는 현상들을 지칭하는 미학 개념이었다. 산, 눈사태, 폭포, 폭풍우 몰아치는 바다, 별들이 총총 박힌 높은 하늘이 모두 숭고였다. 카스파르 다비트 프리드리히(Casper David Friedrich, 1774~1840)의 〈안개 바다 위의 방랑자〉나 윌리엄 터너 (William Turner, 1775~1851)의 폭풍우 몰아치는 바다 풍경은 모두 거대한 자연과 왜소한 인간의 대비를 통해 숭고의 감정을 고조시켰다. 자연만큼 우리에게 경외감과 경이감을 주는 대상은 없다. 그러니까 18세기의 숭고는 자연의 숭고였다.

그처럼 자연과 밀착돼 있던 숭고가 자연과 거리가 먼 예술 작품을 지칭하는 미학 용어로 된 것은 20세기에 들어오면서부터였다. 말레

비치(Kazimir Malevich, 1878~1935)는 그냥 검은 테두리 안에 흰 사각형이 들어있는 기하학적 추상화를 그렸고, 바넷 뉴먼은 화면 전체를 한 가지 색으로 칠하는 색면(色面) 회화(color-field painting)를 그렸다. 노랑, 빨강, 파랑의 색면에 몇 개의 수직 혹은 수평선을 그려 넣는가 하면, 그저 하얀 바탕에 파란 수직선 혹은 갈색 수직선 하나를 그려 넣기도 했다. 받침대 위에 덩그러니 3미터 높이의 스테인리스 강철 기둥을 세워 놓고 이것을 조각이라고 하기도 했다. 이처럼 최소한의 미니멀리즘으로 환원된 아방가르드 예술 작품들이 숭고 미학으로 수렴되었다.

AI 스테이블 디퓨전이 그린 숭고미학

자연은 하나도 없고 화학적 물감과 기하학만 있는데 왜 숭고인가? 아무 형태로도 자기 생각을 표현할 방법이 없어서 그냥 색깔만 칠했기 때문이다. 말레비치나 뉴먼의 그림들은 모두, 표현할 수 없는 것이 존재한다는 것을 표현하기 위한 방법이었다. 마치 감동적 경치를 묘사할 언어가 부족해 "이건 도저히 말로 표현할 수 없어"라고 말하듯이, 마음의 정서를 그 어떤 형상으로도 제시할 수 없어 순수 색채를 그냥 화면에 칠한 것이다. 도저히 표현이 불가능하지만 표현 불가능한 존재가 여기 있다는 것을 암시하기 위해 모든 형태를 지워버린 날것 그대로의 색칠이었다.

여기서 20세기의 아방가르드 예술은 칸트와 정확하게 접점을 이룬다. 칸트는 "표현할 수 없다는 사실을 제시하는 것이 곧 숭고다"라고 말했기 때문이다.

바넷 뉴먼

한국에서 6·25전쟁이 한창이던 1950~51년, 미국 뉴욕에서 바넷 뉴먼(Barnett Newman, 1905~1970)이라는 유대인 화가가 세로 2.42미터, 가로 5.42미터의 거대한 색면 회화를 선보였다. 캔버스를 그냥 짙은 빨간 색으로 가득 채우고 'Vir heroicus sublimis(Man, Heroic and Sublime, '인간, 숭고하고 영웅적인')'이라는 라틴어 제목을 붙였다. 단색의 물감을 칠했을 뿐인데 사이즈가 거대하고 색깔은 깊고 짙어 눈길을 빨아들이는 듯 강렬한 감동을 주었다.

그 2년 전인 1948년에 그는 「숭고는 지금」이라는 짧은 철학 에세이를 썼다. 18세기의 숭고가 저 높은 곳의 초월적인 것을 대상으로 삼았다면 현대의 숭고는 '지금 여기 현재'를 대상으로 삼는다는 내용이었다. 지금 읽어 보면 알 듯 모를 듯 뭔가 애매모호한 문체여서 요즘 젊은이들이 좋아하는 보그체 글쓰기 방식의 기원이 아닐까 하는 생각이 들 정도다. 뉴먼은 이례적으로 버크도 읽었고 하이데거도 읽으면서 숭고를 성찰한 철학적 화가였다. 그의 애매한 문체는 "아무것도 아닌 것이 아니라 차라리 존재가 있다"라는 하이데거의 글쓰기 방식을 그대로 따른 것이다.

에드먼드 버크의 미학을 읽은 그는 '숭고'라는 말의 미학적, 철학적 함의를 모르지 않았다. 그것들을 정확히 이해했을 뿐만 아니라 그 과도한 적용을 비판할 수 있는 통찰력도 갖추고 있었다. 숭고 작품에 대한 버크의 묘사가 과도하게 초현실주의적이라는 것도 비판했고, 초현실주의가 낭만주의의 비확정성(indeterminacy) 방식에 과도하게 의존하고 있다는 것도 비판했다. 그가 지금-여기의 숭고를 추구하며 낭만주의 예술의 레토릭과도 결별하려 한 이유였다.

그러나 그는 숭고 미학의 근본적인 임무, 즉 표현할 수 없는 것을 회화적으로 표현해야 한다는 임무는 포기하려 하지 않았다. 설명할 수 없는 것은 저기, 다른 세계 혹은 다른 시간 안에 있는 것이 아니라 바로 여기, 무언가가 일어나고 있는 여기에 있다고 했다. 그의 생각으로는, 회화 예술의 규정 안에서 비확정적인 것은 바로 물감이고 그림이다. '지금 일어나고 있는 것'도 물감이고 그림일 뿐이다. 물감과 그림 자체만이 오로지 발생 혹은 사건이다. 그러므로 그림은 어떤 내용을 설명하는 것이 아니라 그저 증언하는 것일 뿐이다.

이처럼 숭고의 자리를 저 높은 곳에서 이 낮은 곳으로 옮겨 놓으니 낭만주의와 모더니즘 또는 아방가르드의 차이가 현저하게 드러난다. 「숭고는 지금」이라는 그의 애매한 제목은 '지금 현재가 바로 숭고다'라고 읽어야 할 것이다. "다른 곳도 아니고, 저 위도 아니고 저기도 아니고, 더 일찍도 아니고 더 나중도 아니고, 예전의 한 때도 아니다(Not elsewhere, not up there or over there, not earlier or later, not once upon a time)." 바로 여기, 지금 그것은 일어난다. 그리고 그게 바로 이 그림이다. 지금 여기, 존재하지 않는 것이 아니라 차라리 존재하는 것, 그것이 바로 이 그림이다. 이게 바로 숭고다. 과연 그는 1960년대 중반에 조각 3점을 만들어 〈Here I, Here II, Here III〉라는 제목을 붙였고, 〈Not Over There, Here, Now〉 또는 〈Be〉 등의 회화 작품들을 그렸다.

그는 숭고의 대상을 어떻게 '지금 여기'로 이해할 수 있었을까? 「새로운 미학을 위한 프롤로그(Prologue for a New Aesthetic)」라는 짧은 글에서 "나는 공간이나 이미지의 처리에는 관심이 없고 다만 시간의 감각에만 관심이 있다"고 그는 말했다. 이때 말하는 '시간'이란 흔히 회화의 주제인 노스탤지어의 감정도 아니고, 역사적 의미도 아니다.

그렇다면 「숭고는 지금」이라는 에세이에서 '지금'의 의미는 무엇일까? 뉴먼의 친구이며 비평가인 토머스 헤스(Thomas B. Hess)는 뉴먼의 '지금'이 히브리어의 마콤(makom) 혹은 하마콤(Hamakom)이라고 말한 적이 있다. 구약의 모세 오경(五經)에 나오는 마콤 혹은 하마콤은 하느님의 이름을 차마 직접 부를 수 없어 대신 부르는 명칭으로, 원래는 '거기', '곳', '장소'라는 의미다. 뉴먼이 과연 이 말을 염두에 두었는지는 확인할 길이 없다.

시간이란 무엇인가를 한번 생각해 보자. 시간은 과거, 현재, 미래로 되어 있다. 과거와 미래는 범위도 넓고 매우 안정적이다. 바로 직전에서부터 수천, 수억 년 전 시대가 모두 과거다. 미래도 넓다. 바로 다음 순간도 미래고 우주적 상상력을 자극하는 먼 시대도 미래다. 내용도 확실하다. 과거는 이미 일어난 사건들이고, 미래는 아직 일어나지 않았지만 예상되는 사건들이다. 그런데 유독 현재 순간은 송곳만큼 작은 면적을 차지한 채 그 존재가 매우 불안하다. 과거와 미래 사이에서 스스로를 힘겹게 붙잡으려 하지만 순식간에 과거 아니면 미래 속으로 삼켜져 버리기 때문이다. '지금'인가 하고 잡았는데 어느새 과거로 흘러가 버렸고, '지금'이라고 꽉 붙잡으려고 하는데 사실은 미래의 것이다. 과거나 미래는 한없이 넓고 그 크기가 끝없이 확장되지만 현재는 눈 깜짝할 사이에 과거 아니면 미래로 넘어가는 찰나적 순간이다. 이처럼 신비한 시간이 있을까?

철학자들은 이런 현재의 순간을 의식의 기반 위에서 성찰하려 애썼다. 아우구스티누스 이래, 특히 에드문트 후설(Edmund Husserl, 1859~1938) 이래 수많은 철학자들이 혼신을 다 해 '현재의 순간'을 뜻하는 '지금'을 사유하고 분석했다. 그러나 뉴먼의 '지금'은 의식과는 상관이 없고, 의식에 의해 구성되지도 않는다. 오히려 그의 '지금'은 의식을 해체하고, 의식을 찬탈한다. 의식은 이것에 대해 말할 수 없고, 스스로를 구성하는 데 바빠 '지금'을 잊어버리기까지 한다.

 뉴먼의 '지금'은 정확히 '뭔가가 일어나고 있다'는 것, 즉 'it happens...' 이다. 뭔가가 일어나고 있다고 해서 정말 뭔가가 일어난 것은 아니다. 보고 듣고 만지고 하는 지각의 매체 안에 어떤 사건이 일어났다는 이야기가 아니다. 아주 사소한 사건도 일어나지 않았다. 그저 다만 일어남 그 자체가 발생(occurrence)했을 뿐이다.

 뭔가가 일어나려면 우선 그것을 지각할 감각이 있어야 하고 감각의 대상인 실재가 있어야 한다. 그런데 뉴먼의 '지금'은 감각의 대상이 무엇인지, 그것의 의미가 무엇인지를 물어볼 사이도 없이 '우선' 그냥 '일어나는' 것이다. '무엇이 일어나는가?(what happens?)'라는 질문보다 '그것이 일어난다(it happens)'가 선행하는 형국이다. 사건 자체보다 먼저 일어난 '발생'이다. 하이데거의 '발현(Ereignis)'과 비슷한 신비함이다. '그것이 일어난다'는 것은 이미 사건이 있었다는 얘기지만 뉴먼의 '지금'은 사건 이전의 순수한 '일어남'이기 때문이다. 그에게 사건이란 아예 질문으로 발생하기 전의 의문 부호이다. 흔히 우리는 '이런 일이 일어난다(it happens)'가 사건의 시초인 줄 알지만 뉴먼은 차라리 '이런 일이 일어날 것인가?(is it happening?)'라는 질문이 우선 있고, 그리고 나서야 '사건이 일어난다'고 했다.

물론 모순적인 감정이다. 기껏해야 하나의 기호, 또는 의문 부호일 뿐이다. '그것이 일어나는' 방식은 '그것이 일어나는가?'라는 질문으로 유보되고 또 예고된다. 어떤 톤으로도 변주될 수 있을 것이다. 그러나 그 의문 부호는 바로 '지금'이다. "아무것도 일어나지 않을 것이라는 느낌 같은 지금, 아무것도 아닌 지금이다"(now like the feeling that nothing might happen: the nothingness now).

평생을 존재의 문제에 천착했던 하이데거는 말년에 "존재가 발현 속에서 사라진다"고 선언함으로써 발현을 존재보다 더 근원적인 어떤 현상으로 자리매김하였다. 그가 말하는 '발현'도 일상적인 의미에서의 '사건'과는 다른 뜻으로, '본질', '진리', '현존재' 등과 관련이 있다. 하이데거는 인간이 언젠가 몸을 돌려 발현이라는 신비한 존재 현상들의 '울림'을 듣고 그것으로 '도약'하면 궁극적 '신'의 스쳐 감을 언뜻 엿볼 수 있을 것이라고도 했다. 하이데거의 발현처럼 뉴먼의 '사건'도 사건이랄 것이 없는, 한없이 단순한 찰나이다.

바넷 뉴먼이 "숭고는 지금"이라고 말했을 때의 '지금'에는 기다림의 의미가 있다. 가까운 미래건 먼 미래건 여하튼 지금 이 시점에서는 도저히 알 수 없는, 하지만 그것이 일어나는 방식은 유보된 채 뭔가 일어날 것 같은 예감이다. 그 사건을 불안하게 기다리고 있는 잠시 동안의 시간, 그것이 바로 '지금'이다. 그것이 일어나는가? 라는 질문은 어떤 톤으로도 변주될 수 있다. 그러나 의문의 핵심은 '지금'이다. 아무것도 일어나지 않을 것이라는 느낌 같은 '지금'. 그 아무것도 아닌 것이 바로 지금이다.

뉴먼의 '지금'이 내포하고 있는 기다림은 부정적인 의미에서의 기다림이다. 하지만 모든 기다림은 근원적으로 불안감이다. 별것 아닌 사소한 일이 일어날 수도 있고, 대세를 바꿀 큰일이 일어날 수도 있으며, 아무 일도 일어나지 않을 수도 있다. 그 모든 가능성에 대한 불안한 감정, 그것이 바로 '지금'이다. 실존 철학이 인간 의식의 밑바닥에서 감지했던, 그리고 사르트르(Jean-Paul Sartre, 1905~1980)나 카뮈(Albert Camus, 1913~1960)의 소설에 깊숙이 깔려 있던 그 불안감이다.

그러나 묘하게도 그 불안감이 쾌를 동반한다. 우리의 마음에는 미지의 것에 적극적으로 반응하며 쾌감을 느끼는 능력이 있다. 물론 매우 모순적인 감정이다. 공포 영화에서 서스펜스가 주는 쾌감이 그것이다. 그러니까 정말 무서운 것은 일어나지 않는 '일어남', 일어나기를 멈춘 '일어남', 다시 말해 서스펜스이다. 불안감은 실존주의와 숭고라는 두 정서의 근원임을 우리는 새삼 깨닫게 된다.

흥미롭게도 바넷 뉴먼의 'is it happening?'의 순간은 이미 반세기 전 세잔(Paul Cézanne, 1839~1906)도 고민하던 문제였다. 그는 회화의 진정한 목적이란 그냥 단순히 눈에 보이는 것을 그리는 것이 아니라, 사람들로 하여금 뭔가를 보게 만드는 것이라고 했는데, 그것은 막 태어나는 순간의 감각, 다시 말해 감각 이전의 감각이라고 했다. 눈으로 보는 시각, 귀로 듣는 청각 등이 감각인데, 이미 앞에 존재하는 대상을 바라보거나 소리를 듣는 그런 현재적 감각이 아니라 그 감각

들 바로 직전의 미세한 원초적 감각을 포착하여 표현하고 싶다고 했다. 철학자 메를로퐁티(Maurice Merleau-Ponty, 1908~1961)가 '세잔의 회의(懷疑)'라고 불렀던, 이른바 '감각 이전의 감각'은 뉴먼의 '사건 이전의 사건'과 묘하게 오버랩된다.

뉴먼의 글은 오래 동안 잊혀 있었다. 그러다가 40년 만인 1988년에 리오타르가 「숭고와 아방가르드」라는 논문의 주제로 삼음으로써 세상에 다시 널리 알려지게 되었다. 한 화가의 아마추어 철학 에세이에 불과했던 이 글은 리오타르 덕분에 현대 숭고 이론의 근거가 되었다. 동시에 리오타르는 현대 숭고 미학의 창시자가 되었다. 뉴먼의 에세이 제목 '숭고는 지금'은 그 이후 포스트모던의 철학적 명제가 되었다.

포스트모던이라는 말을 처음으로 쓴 프랑스의 철학자 장 프랑수아 리오타르(Jean-François Lyotard, 1924~1998)는 「숭고와 아방가르드(The Sublime and the Avant-garde)」(1984), 「제시할 수 없는 것 제시하기: 숭고(Presenting the Unpresentable: The Sublime)」(1982)의 두 논문을 통해 바넷 뉴먼의 그림들을 숭고의 전형으로 제시하였다. 숭고 미학이 주류로 다시 떠오른 이유로, 팝아트는 너무 일상성 속에 매몰되었고, 미니멀 아트와 개념 미술은 너무 지성 과잉이라는 반성이 일었기 때문이라는 말도 덧붙였다. 그리고 칸트의 숭고 개념이 포스트모더니즘 이론의 구심점임을 재확인하였다.

숭고와 미국

숭고를 일단 '사건 이전의 사건'이라고 정의 내리면 숭고의 작품들은 모든 전통에서 자유로워진다. 유럽 문화의 중압감에서 벗어난 미국은 숭고라고 불릴 만한 전설이나 신화가 없고, 초월적인 고양을 추앙하는 전통도 없다. 사실 오래된 전설이 없다는 것은 그리 큰 약점이 아니고, 오히려 장점일 수 있다. 오랜 전설은 유럽에서도 이미 폐기 처분된 구식의 서사이고, 전설에서 파생된 기억, 연상, 노스탤지어 등은 오히려 새로운 시도를 방해하는 장애물이 될 수도 있기 때문이다.

과연 자유분방한 미국 화가들이 만들어 낸 이미지들은 역사에 대한 노스탤지어 없이도 즉각 이해할 수 있는 그런 즉물적 자명성의 세계였다. 앤디 워홀(Andy Warhol, 1928~1987)의 캠벨 수프 깡통이나 브릴로 상자들을 바라보며 예술을 이해해야 한다는 긴장감이나 불편을 느끼는 관객은 아무도 없다. 팝아트 혹은 추상표현주의 화가들은 예술이 미를 구현해야 한다는 개념 자체를 아예 부정했다. 그런데 미를 부정하면 숭고가 남는다. 미학의 양대 영역은 미와 숭고이기 때문이다. 그래서 뉴먼은 미국의 화가들만이 진정한 숭고 미학을 달성할 수 있다고 말했다.

카스파르 다비트 프리드리히 같은 낭만주의 화가들의 장엄한 자연 풍경이 주류를 이루던 18세기의 숭고는 21세기에 이르러 싸구려

제품 가득 들어찬 편의점이나 아마존의 거대한 책 물류 창고가 된다. 뉴먼이 숭고를 '사건'이라는 개념으로 새롭게 정의한 이후 달라진 숭고의 모습이다. 뉴먼이나 마크 로스코(Mark Rothko, 1903~1970)는 거대한 색면화를 선보였고, 제임스 터렐(James Turrell, 1943~)은 설치 작업을 통해 공간 속에 가득 잠긴 빛의 효과를 만들어 냈으며, 빌 비올라(Bill Viola, 1951~)는 비디오라는 새로운 매체를 활용하여 극단적인 마음의 상태를 강력하게 환기했다. 마이크 켈리(Mike kelly, 1954~2012)는 불안정하면서도 재치 있는 멀티미디어 설치 작업을 시도했고, 아니쉬 카푸어(Anish Kapoor, 1954~), 도리스 살세도(Doris Salcedo, 1958~), 프레드 토마셀리(Fred Tomaselli, 1956~)등 다양한 현대 아티스트들의 작품들이 모두 숭고 개념의 테두리 안에 들어 있다. 요제프 보이스(Joseph Beuys, 1921~1986), 안젤름 키퍼(Anselm Kiefer, 1945~) 등은 숭고를 역사의 트라우마적 사건과 연계시켰다. 일본의 스기모토 히로시(杉本博司, Hiroshi Sugimoto, 1948~)와 중국의 장환(張洹, Zhang Huan, 1965~)도 독특한 숭고 미학을 작품에 구현하였다.

숭고와 전체주의

1930년대 이후 서유럽 사람들은 오랜 경기 침체를 겪으며 불안감과 두려움으로 정당-국가를 탄생시켰다. 정당 국가란 정당이 정치의 중심이 되어 있는 국가를 말한다. 복수 정당제 또는 다원적 정당을 가진 유럽 국가들의 정치 체제 형태다. 불확실하고 혼란스러운 이 시기의 동시대 예술은 아방가르드(전위 예술)였는데, 이 예술 사조는 사람들의 정체성 위기를 더욱 악화시켰다. 대중은 이 예술을 이해하지 못했고, 고립된 상황 속에서 전위 예술은 지위가 매우 취약해져 함부로 경멸 받거나 조롱당하기 일쑤였다. 국민들은 두려움 혹은 불안감을 아방가르드에 대한 증오로 전환시켰다.

나치 체제가 태어난 것이 바로 이때였다. 나치에 부역한 예술가들은 숭고를 정치에 이용하기 시작했다. 숭고 미학은 신낭만주의, 신고전주의라는 이름으로 나치의 국가사회주의를 합리화함으로써 전체주의와 밀접한 관계를 맺게 되었다. 문예학자 힐데가르트 브레너(Hildegard Brenner, 1927~)의 「국가사회주의와 예술 정책」이라는 논문과 영화 감독 한스위르겐 지버베르크(Hans-Jürgen Syberberg, 1935~)의 〈히틀러: 독일로부터의 영화 한 편〉이라는 영화는 나치 시대의 예술 정책을 잘 보여 주고 있다. 바넷 뉴먼이 '지금 사건이 일어나고 있는가?(Is it happening?)'라는 질문을 던진 것은 훨씬 나중의 일이지만, 나치에 부역한 예술가들은 이미 '순수한 인민이 오는가?', '총통이 오는가?', '지크프리트가 오는가?' 등의 신비감 있는 질문들로 히틀러를 소환하고 그를 영웅으로 미화하였다. 이때부터 숭고 미학은 신화의 정치학이 되었다.

건축가 알베르트 슈페어(Albert Speer, 1905~1981)가 뉘른베르크에 지은 거대한 체펠린펠트 경기장은 그야말로 물질로 구현된 숭고의 정치

학이었다. 30만 명을 수용할 수 있는 체펠린 광장에서 야간에 열린
당 대회 행사는 152개의 서치라이트가 기둥처럼 세워져 마치 대성
당처럼 보였다. 이 '빛의 성전' 안에 들어간 20만 명의 나치당원들은
마치 성스러운 장소 안에 들어온 듯 전율을 느끼며 히틀러에 대한
광적인 숭배를 다짐했다. 벤야민(Walter Benjamin, 1892~1940)이 말한 '미
학의 정치화'라는 개념을 적나라하게 보여 주는 생생한 사례였다.

디지털 숭고

자본주의는 아카데믹하지 않고, 중농주의(重農主義)적이지 않고, 자
연과 거리가 멀다. 부(富)와 권력은 무한하다는 관념이 지배되는 자
본주의 사회에서 개인이건 집단이건 인간의 아우라는 해체되고 이
익의 계산, 욕구의 만족, 성공을 통한 자기 확인만이 남았다. 더군다
나 지금은 기계가 지배하는 디지털 자본주의의 시대다. 소위 빅테크
(Big Tech)라 불리는 애플, 아마존, 메타(페이스북), 구글 등 세계 최고의
부자들이 모두 디지털 기업의 창업주들이다. 디지털 자본주의 경제
는 테크놀로지 또는 언어 기술을 통해 과학을 복종시키고, 모든 정
보를 독점한다. 노동은 정보 처리 과정으로 대체되고, 지난 백여 년
동안 사회주의의 근간이었던 노동의 잠재적 가치는 나락으로 떨어
졌다. 경험이 세대를 이어 전수되던 시간적 연속성은 사라졌고, 정
보 접속성이 사회적 중요도의 유일한 기준이 되었다.

그러나 디지털 시대의 정보는 매우 단명하다. 전수되거나 공유되면 그것은 이미 정보이기를 그치고 주어진 환경이 된다. 이미 '말해진 것'은 우리가 벌써 '아는 것들'이다. 그것들은 기계의 기억 속에 차곡차곡 저장된다. 그러니까 하나의 정보가 차지하고 있는 시간의 길이는 매우 짧은 한순간이다. 이렇게 짧은 길이의 정보들로 직조(織造)된 사회는 불안정할 수밖에 없다. 현실은 불안정하고 의심스러워 사람들은 현실을 제대로 포착하고 이해하는 것이 거의 불가능해졌다. 다시 말해 사회는 불안정하고 비확정적인 것이 되었다. 그런데 불안정성과 비확정성은 바로 숭고의 성질이다. 따라서 현대의 기술 사회는 숭고의 사회다.

그리고 보면 현대의 숭고는 자본주의 경제 안에 있다. 18세기의 숭고가 자연의 숭고라면 현대의 숭고는 디지털 숭고다. 현대를 사는 우리는 더 이상 자연에서 경외감을 발견하지 못하고, 자연보다는 차라리 테크놀로지의 엄청난 힘에 전율한다. 글로벌한 통신 기술에 의한 시·공간의 극도의 압축은 일상적인 지각을 근본적으로 불안정한 것으로 만들고, 놀라운 테크 기술은 거의 악마적인 공포로 체험된다. 지금 세계적으로 돌풍을 일으키고 있는 챗GPT 등의 인공 지능(AI)이나 가상 인간, 전통적 직장의 형태를 해체시키는 재택 근무, 인간의 업무를 빠르게 대체하고 있는 로봇, 일상의 모든 것을 가상화하는 메타버스 등 불가해한 디지털 기술들은 공포심에 가까운 경외감을 일으킨다. 가히 현대 생활의 체험 자체가 숭고라 하지 않을 수 없다. 우리가 다시 숭고에 관심을 기울여야 할 이유이다.

2023년의 한국 예술계

한국인도 숭고 예술을 제일 좋아한다.

관람객에게 불쾌감을 주는 예술은 이제 완전히 대중화되었다. 부산시립미술관에서 열린 일본 팝아트 작가 무라카미 다카시(村上隆) 전시회(2023년 1월)에서는 기괴한 모양의 캐릭터, 거대한 도깨비 모양의 '붉은 요괴, 푸른 요괴', 썩은 살점이 뚝뚝 떨어지는 모습의 조형물들이 전시장을 가득 메웠다. 그중에서도 자신의 신체를 그대로 본뜬 조각을 기괴한 좀비로 꾸며 낸 작품이 가장 충격적이었다.

〈무라카미 좀비〉(2022)라는 제목의 이 작품은 조각으로 재현된 작가의 몸에서 살가죽을 벗겨내 내장이 밖으로 흘러내렸고, 정수리에는 칼이 꽂혀 있었다. 옆에는 화가의 죽은 반려견 폼이 역시 좀비가 되어 서 있다. 많은 관람객들이 "과연 이것도 미술일까?"라는 질문을 던졌다.

1990년대부터 애니메이션, 게임 등 독특한 일본 문화 현상을 미술과 결합하고, 저급문화와 고급문화, 전통과 현대 등을 융합하여 니폰 팝(Nippon pop)을 만들어 낸 그는 "인간에겐 병, 재해, 전쟁 등 다양한 공포가 있다"며 "그 두려움을 실체화한 게 괴물이나 요괴"라고 말했다.

미술평론가 사와라기 노이(Noi Sawaragi, 椹木野衣)의 말마따나 일본의 네오팝(neo-pop)은 더 이상 전후(戰後) 미술이 아니라 재후(災後) 미술이라 할 만 하다. 2011 동일본 대지진과 후쿠시마 원전 사고 이후 예술가들의 의식 속에서 대지는 고정된 것이 아니라 흔들리는 것이다. 당연히 그들의 예술도 스키조프레니아(schizophrenia, 정신분열증)적일 수밖에 없다.

마우리치오 카텔란(Maurizio Cattelan, 1960~)은 바나나 한 개로 세상을 떠들썩하게 만들었던, 세계에서 가장 논쟁적인 현대미술가다. 2019년 '아트 바젤 마이애미'에서 테이프로 벽에 붙인 바나나 한 개를 12만 달러(약 1억 4,000만 원)에 판 것으로 유명하다. 작품 제목은 〈코미디언〉이었는데, 한 행위예술가가 "배가 고프다"며 바나나를 떼어 내 먹었다. 그러나 해당 갤러리 바나나가 없어졌다고 작품이 파괴된 것은 아니라며 벽에 새 바나나를 붙였다. 〈바나나〉는 이듬해 한 소장자의 기증으로 미국 뉴욕 구겐하임 미술관에 소장됐다.

그 카텔란이 한국에서는 처음으로 2023년 1월 31일 서울 리움미술관에서 개인전을 열었다. 전시장에는 섬뜩함과 기괴함이 가득 찼다. 미술관 입구와 로비 기둥 옆에는 '노숙자' 두 명이 앉아 있었다. 실제 사람인 듯 보이는 포즈이지만 사실은 〈동훈과 준호〉라는 이름의 설치 작품이다. 전시장 안에서는 바닥을 뚫고 나온 남자(〈무제〉)를 보여 주기 위해 멀쩡한 바닥을 진짜로 뚫었다.

〈찰리는 서핑을 안 하잖나〉라는 설치 작품은 언뜻 보면 열심히 공부하는 소년의 뒷모습이다. 그런데 가까이 가 보면 그의 두 손등이 연필로 찍혀 있다. 운석에 맞아 쓰러진 교황을 표현한 조각 작품 〈아홉 번째 시간〉, 그리고 공손히 무릎 꿇은 히틀러 조각상 등이 역시 많은 논쟁을 불러일으켰던 작품들이다.

전시장 높은 천장에는 박제된 말이 축 늘어지듯 매달려 있다. 〈노베첸토(Novecento)〉라는 제목의 작품이다. 노베첸토는 900이란 뜻으로 1900년대, 곧 20세기를 가리킨다고 한다. 또 다른 죽은 말의 박제는 머리는 벽 속에 처박고 몸통을 밖으로 빼낸 것처럼 설치해 놓았다.

로비 표지판 위에는 박제된 비둘기가 수십 마리 앉아 있다. 비둘기와 말 등 전시장에 놓인 많은 박제 동물들은 그 자체로 끊임없이 죽음을 환기한다. 죽은 듯이 누워 있는 사람 곁에 같이 누워 있는 강아지도 있고, 여러 사람이 함께 목숨을 잃은 비극을 연상케 하는 '모두'라는 제목의 대리석 조각도 있다. 모든 것이 불편할 뿐 우리가 상식적으로 생각하는 예술적 아름다움은 없다. 이것을 무엇으로 불러야 할까? 제2의 뒤샹이라고 불리는 마우리치오 카텔란은 신개념 미술(Neo-conceptual Art)로 분류되고, 무라카미 다카시는 니폰 팝 또는 재후 미술이다. 그러나 그들 작품의 기괴함이 현 시대 관람객들의 마음을 사로잡는 미학적 원리는 역시 숭고다.

화면을 그냥 빨강색, 검정색으로만 칠한 마크 로스코(Mark Rothko, 1903~1970)의 매우 추상적인 그림들을 한국인들이 아주 좋아한다는 것도 의외다.. 그를 주인공으로 등장시킨 연극 〈레드〉도 2011년 초연 이후 2023년까지 여섯 번이나 공연될 만큼 인기가 많다. "내 관심은 오로지 비극, 황홀경, 파멸"이라고 자주 말했듯이 '비극성'은 로스코 작품 세계의 핵심적 화두이다. 그는 혼돈의 러시아에서 유대인으로 태어나 어린 시절을 보냈고, 제2차 세계대전을 겪었으며, 결국 모든 인간은 쇠락하고 죽을 수밖에 없다는 근원적 성찰에 이르게 되었다. 그리고 결국 1970년에 팔 동맥을 잘라 자살했다.

1960년대에 풍미하던 팝아트를 비웃으며 자신은 만화책이나 수프 캔이 아니라 뭔가 자아를 초월하고 현재를 초월하는 것을 추구한다고 말했다. 초월이란 현실 너머의 높은 곳으로의 고양을 말하는 것이고, 고양이란 바로 숭고를 의미한다. 게다가 색깔만 칠하는 색면 회화는 '표상할 수 없음을 표상하기'의 가장 전형적인 기법이다. 그렇다면 마크 로스코에서도 역시 우리는 숭고 미학을 발견한다.

이렇게 현대를 사는 우리는 도처에서 편재적으로 숭고와 마주친다.

참고문헌

숭고

에드먼드 버크, 김혜련 옮김, 『숭고와 미의 근원을 찾아서: 쾌와 고통에 대한 미학적 탐구』, 한길사, 2010.

임마누엘 칸트, 백종현 옮김, 『판단력 비판』, 아카넷, 2009.

Edmund Burke, *A Philosophical Enquiry into the Origin of our Ideas of the Sublime and Beautiful,* Oxford University Press, 2008.

Emmanuel Kant, *Critique de la Faculté de Juger* (Vrin-Bibliothèque des Textes Philosophiques), Poche, 1989.

Immanuel Kant, tr. J. H. Bernard, **Critique of Judgement**, Digireads. com Book, 2010.

Simon Morley, ed., *The Sublime* (Whitechapel: Documents of Contemporary Art), The MIT Press, 2010.